现代大学生职业生涯规划与就业指导创新探索

耿 培 ◎ 著

图书在版编目（CIP）数据

现代大学生职业生涯规划与就业指导创新探索 / 耿培著. -- 北京：中国书籍出版社，2024.5

ISBN 978-7-5068-9863-8

Ⅰ.①现… Ⅱ.①耿… Ⅲ.①大学生—职业选择 Ⅳ.① G647.38

中国国家版本馆 CIP 数据核字 (2024) 第 093921 号

现代大学生职业生涯规划与就业指导创新探索

耿　培　著

图书策划	成晓春
责任编辑	成晓春
封面设计	博健文化
责任印制	孙马飞　马　芝
出版发行	中国书籍出版社
地　　址	北京市丰台区三路居路 97 号（邮编：100073）
电　　话	（010）52257143（总编室）（010）52257140（发行部）
电子邮箱	eo@chinabp.com.cn
经　　销	全国新华书店
印　　刷	天津和萱印刷有限公司
开　　本	710 毫米 ×1000 毫米　1/ 16
字　　数	253 千字
印　　张	13.75
版　　次	2025 年 1 月第 1 版
印　　次	2025 年 1 月第 1 次印刷
书　　号	ISBN 978-7-5068-9863-8
定　　价	88.00 元

版权所有　翻印必究

前 言

时代在发展，越来越多的大学生走入社会，进而导致社会各职业的竞争日益加剧，使得大学生不得不面临越来越严峻的就业压力。所以，伴随着大学生数量的增长，日后大学生是否可以找到合适的工作，我们不得不打上一个大大的问号。于是，出现了毕业生在临近毕业时临时抱佛脚，对自己进行全方位包装，却又不能让自己一口气吃成个胖子，在一脚跨入社会时捉襟见肘的各种场景。为了让大学生提前做好各方面的准备，我们把视线转向在校大学生，希望他们能理解大学生活对于他们一生的影响；也希望引起他们的高度重视，对于在校大学生来说，应当切实了解日后的就业压力，并在学校就积极储备足够的知识技能，养成勇于面对挫折与困难的良好心态，并且始终坚持不断提高自身各方面的素质，规划好将来的职业发展路径，并为远大的理想抱负付出相应的努力。

本书共分为六章。第一章为职业规划概论，分为四节，主要阐述了职业规划的内涵、职业规划的方法、职业规划的意义以及职业规划的原则；第二章为大学生职业规划，分为四节，主要说明了大学生职业规划的基本理论、大学生职业规划的影响因素、大学生职业规划的步骤以及大学生职业规划书；第三章为大学生就业准备指导，分为五节，主要阐述了就业的知识准备、就业的心理准备、就业的求职材料准备、就业的能力准备以及就业形势与就业政策；第四章为大学生就业的技巧指导，分为五节，主要说的是大学生自荐的技巧、大学生求职的技巧、大学生笔试的技巧、大学生面试的技巧以及大学生适应社会的技巧；第五章为大学生就业权益保护指导，分为四节，主要说明了大学生劳动权益保护、大学生劳动合同指导、大学生就业协议指导和大学生求职陷阱及防范对策；第六章为其他相关指导，分别四节，主要阐述了报考公务员指导、考研指导、出国留学指导以及大学生应征入伍指导。

本书提供了一些实施职业生涯规划的技巧,注重实用性与可操作性,帮助学生在理解职业生涯规划内涵的同时,运用全新的视角、科学的方法在人生的关键阶段领跑未来职场发展,也提供了帮助其解决自身成长过程中诸多困惑的科学方法与创新思路,介绍了笔试、面试等相关知识和技巧。

在撰写本书的过程中,作者参考了大量的学术文献,得到了许多专家学者的帮助,在此表示真诚感谢。本书内容系统全面,论述条理清晰、深入浅出,但由于作者水平有限,书中难免有疏漏之处,希望广大同行及时指正。

作者

2023 年 10 月

目 录

第一章　职业规划概论 ... 1
第一节　职业规划的内涵 ... 1
第二节　职业规划的方法 ... 5
第三节　职业规划的意义 ... 8
第四节　职业规划的原则 ... 13

第二章　大学生职业规划 ... 16
第一节　大学生职业规划的基本理论 ... 16
第二节　大学生职业规划的影响因素 ... 34
第三节　大学生职业规划的步骤 ... 40
第四节　大学生职业规划书 ... 52

第三章　大学生就业准备指导 ... 55
第一节　就业的知识准备 ... 55
第二节　就业的心理准备 ... 58
第三节　就业的求职材料准备 ... 67
第四节　就业的能力准备 ... 79
第五节　就业形势与就业政策 ... 87

第四章　大学生就业的技巧指导 ... 102
第一节　大学生自荐的技巧 ... 102

    第二节　大学生求职的技巧 …………………………………………… 107
    第三节　大学生笔试的技巧 …………………………………………… 117
    第四节　大学生面试的技巧 …………………………………………… 122
    第五节　大学生适应社会的技巧 ……………………………………… 138

第五章　大学生就业权益保护指导 …………………………………………… 149
    第一节　大学生劳动权益保护 ………………………………………… 149
    第二节　大学生劳动合同指导 ………………………………………… 158
    第三节　大学生就业协议指导 ………………………………………… 164
    第四节　大学生求职陷阱及防范对策 ………………………………… 173

第六章　其他相关指导 ………………………………………………………… 184
    第一节　报考公务员指导 ……………………………………………… 184
    第二节　考研指导 ……………………………………………………… 192
    第三节　出国留学指导 ………………………………………………… 201
    第四节　大学生应征入伍指导 ………………………………………… 207

参考文献 ………………………………………………………………………… 212

第一章 职业规划概论

职业规划同每个人职业的成功乃至人生的成功密切相关，而大学生的职业规划正是其走向职场的基础性准备工作。本章共分为四节，分别是职业规划的内涵、职业规划的方法、职业规划的意义以及职业规划的原则。

第一节 职业规划的内涵

一、职业的含义和特征

（一）职业的含义

若是对职业这一个词语进行研究，我们就能发现，其本身是由两个字组成的，其一就是"职"，其二为"业"。"职"这个字主要有职责、权利、义务等含义，而"业"这个字更多的是指事业、事情、业务等含义。

不同学者对"职业"的界定角度不同。在美国社会学家赛尔兹的理论中，职业是一个人为了不断取得个人收入而从事的具有市场价值的特殊活动，这种活动决定着从业者的社会地位。在日本的社会学家尾高邦雄看来，职业是某种一定的社会分工或社会角色的持续的实现，因此职业包括工作、工作的场所和地位。在日本的劳动问题专家保谷六郎看来，"职业是有劳动能力的人为了生活需要而发挥个人能力、向社会做贡献的连续活动。"[①]

综合以上观点，笔者认为，可以给职业下这样一个定义：职业就是指一个生活在社会中的，为了获取物质生活资源并促使自身的精神需求得到满足，会积极

---

① 曲孝民，郗亚坤. 员工培训与开发[M]. 沈阳：东北财经大学出版社，2009.

使用自身所掌握的知识技能在社会分工当中为社会创造财富的工作。

职业含义还可以简化为行业加职位，即工作门类和工作单位性质以及职业类别和职业等级。大学生可以根据简化的职业含义来考虑自我职业发展方向。

（二）职业的特征

1. 职业根源于社会分工

不同的产业有着不同的需求，所以催生出了不同类型的岗位。与此同时，这些岗位的存在也使得劳动者必须负责各种不同的工作内容，并基于该工作获得对应的社会地位与名誉，满足不同的行为规范。也正因此，劳动者在对应的工作岗位中获得社会分工的时候，就开始扮演不同类型的劳动角色，比如育人的教师、发明创造的科学家、种地的农民等。

2. 职业的社会性

社会要想稳定运行，就需要职业的参与，并且，职业本身属于劳动者所负责的社会劳动生产的工作，这项工作受到国家认可，所以，我们可以明确一点，即职业本身就属于社会的职业，存在一定程度上的社会性。

3. 职业的连续性（或称稳定性）

一般而言，一种职业之所以能够被称之为职业，就是因为它能够较长时间的存在，以确保劳动者可以在很长的一段时间里连续开展这项工作。

4. 职业的经济性

对于广大劳动者来说，为了满足自身与家人的生活需求，就需要通过职业活动获取报酬。正因为劳动者能从职业中不断地取得个人收入，他们才能够长期地、稳定地从事某项社会职业。

二、职业生涯的内涵

"生涯"的英文是 career，来自罗马字 via carraria 和拉丁文 carrus，意思为古代战车，后来引申为人生的发展道路，又指生活中各种事件的演进方向和历程。"生涯"的概念是广于"职业"的，在内容的存在上较为多样，在内涵的表现上也更为丰富。

对于一个人来说，自身在某一职业领域内的发展就属于其职业生涯。纵观个体职业生涯的进程，个人的特质和经验，包括心理特质、生理特质、家庭背景、外部环境状况及地震、意外、疾病、死亡等不可预测的因素，都会对个体的职业生涯产生影响。

三、职业规划的概述和特征

（一）职业规划的概述

职业规划又称为"职业设计"，普遍认为是著名管理学家诺斯威尔（William J.Rothwell）首先提出这个概念的。他认为："职业生涯设计就是个人结合自身情况及眼前制约因素，为自己实现职业目标而确定行动方向、行动时间和行动方案。"[①] 虽然在他之后也有很多学者都对职业规划的概念提出了不一样的见解，但理解上的差异并不能掩盖职业生涯规划在人们观念中的共识。应该说，诺斯威尔给出的定义从一开始就为职业生涯规划定下了基调，具有典型意义。

1. 职业规划分为认知、设计、行动三大部分

职业规划是一种复合化的行为过程，应包括认知、设计和行动三大部分。三者环环相扣，浑然一体。

（1）认知

认知包括对人生理想、职业价值观、兴趣爱好、个性特征、能力状况等主体方面的认知，也包括对家庭条件、社会环境、职业分类、工作性质的认知，还包括对职业生涯规划理论和方法的认知。

（2）设计

设计是指个体根据认知为自己有针对性地树立职业目标、制订实施方案、确定阶段任务。

（3）行动

行动即将设计的内容付诸实施。

---

① 李金亮，杨芳，周欣. 大学生职业生涯规划 [M]. 长沙：湖南教育出版社，2019.

2. 职业规划深受客观条件的影响

职业生涯规划受到客观条件的显著影响，概括来说包括以下几方面：

第一，职业生涯规划属于一种社会科学，本身无法做到像自然科学那样严谨精确。

第二，职业生涯规划的调整是主体与客观因素的适应关系，但客观上的因素是无法完全预料的。职业生涯规划所能做到的是根据既有的因素去安排路线和行动，在客观因素变化时，也能运用合理的方法去应对。而且，如果没有这些准备，在面对新情况时，就很难找到合理的方法解决。所以，职业生涯规划为个体的发展提供的并非如建筑图纸那样的细致无缺，它提供的是让我们合理有序发展的框架。

（二）职业规划的特征

职业生涯规划具有显著的特征，概括来说主要包括以下几方面。

1. 时间性

根据职业生涯规划的时间长度，个人的职业规划可以被划分为四种，分别是短期规划、中期规划、长期规划、人生规划。一般情况下，在日常生活中，人们往往会同时考虑长期和短期的目标规划，之后在制定具体的规划的时候，会先对自己的人生规划进行确定，并据此明确自己的长期规划。在实际操作中，中期规划往往被视为个人职业发展的核心部分。过长时间的规划会极大地受到环境和个人变化的影响，使其难以得到有效实施，而时间过短的规划则意义有限，相比之下，中期规划不仅可以根据现有条件进行合理的制定，还可以根据所制定规划在具体的执行过程中出现的种种问题进行及时的修正，使规划有着更强的可操作性。

2. 个性化

不同的人生长的环境、知识储备、职业追求等方面存在差异，所以在进行个人职业生涯规划的制定的时候也会出现较大的不同。总的来说，要想制定完全适合自己的职业生涯规划就需要亲力亲为，不可由他人代劳。对于任何人来说，完全适合自己的职业生涯规划能够极大地展现出自身鲜明的个性特点，昭示着自己未来的发展，它们并没有一个固定的模板，只能根据每个人的具体状况来进行详细规划。

3. 开放性

个人职业生涯规划要置身于社会环境、组织环境和他人的影响之中。人属于社会生物，所以，对任何人来说，在进行职业生涯规划的制定的时候，都需要确保自身对各种因素都进行了主客观层面上的深入评估，并积极听取各方面的深刻建议。在这个开放变化的社会里，有效的个人职业生涯规划要经历数次的修正和调整，绝不是一成不变的。

第二节　职业规划的方法

一、几种常见的职业规划方法

（1）自然发生法。这种方法大多数情况下会出现在准大学生进行志愿填报的时候，他们在不考虑自身个性、爱好等方面的情况下，只根据自己的高考分数以及各专业的就业前景进行填报，找到差不多吻合的，便草草做了选择。这种选择方法比较保险，但自己未必喜欢，可能一进到大学就抱怨，因此蹉跎了四年大学光阴，悔恨终身。

（2）目前趋势法。没有主见，盲目涉足新兴的热门产业，例如高考时追逐热门专业，这可能会暂时使心愿得到满足，但没有考虑到四年以后的变化。学生应当认识到没有永远的热门和冷门专业，选择时应当考虑社会发展因素，不能一味追逐热门。

（3）最少努力法。有的学生总倾向于选择最容易的科系或技术，总希望轻松过关，如为了容易考取大学，参加小语种、艺术类考试，选择专业也是选择比较容易通过的专业，祈求最好的结果。需记住，天上不会掉下馅饼，一分耕耘一分收获。

（4)"拜金主义"法。盲目选择待遇最好的行业，而忽视了从事该行业会给自己的身心带来快乐还是痛苦，不考虑该工作与自己志趣的符合度，结果是得不偿失。

（5）刻板印象法。盲目依从刻板印象进行职业的选择，就比如女性就应该选择办公文员等辅助性工作；而男性则应该做大事，不必拘泥于小节。这样的观念早已过时，现在男女的职业差异在逐渐缩小。

（6）橱窗游走法。对不同的工作环境进行快速浏览，然后挑选出最令自己满意的工作。社会确实需要各方面的知识与技能都熟悉的人，但更需要在某方面有着专业化发展的人才。

（7）假手他人法。没有主见，任由他人为自己进行相应的选择。这些人包括：

①父母或家人。

②朋友或同学。

③老师、辅导教授或辅导员。

④权威人士。

⑤其他社会大众。

这些便捷的生涯规划方法的优点是省时省力，不用花费太多的心神，在短时间内的效率很高。用比喻来说，类似于方便面，又快又简单，还可以暂时填饱肚子。但缺点是无法根据个人的能力、特性做长远地规划。方便面可以暂时止饥，但是营养不足。以自然发生法为例，学生被录取进入学校、科系，短暂解决烦恼，但是在完全没有考虑自己能力、个性与就业条件等因素的情况下草率作出选择，将来所面对的职业生涯风险就比较高。

二、简便方法

最简单的职业生涯规划方法，是归零思考的方法。该方法是依次问自己以下五个问题：

（1）我是谁？

（2）我想做什么？

（3）我会做什么？

（4）环境支持或允许我做什么？

（5）我为自己的生活与工作制定了怎样的规划？

一般而言，当我们能够正确明晰上述五个问题并给出相应的答案之后，我们就能够彻底确定自己的职业生涯规划的方向与最终的目标。准备五张纸，对以上五个问题进行详尽的书写。

在对第一个问题进行回答的时候，需要重点明晰核心思想，即正确看待自己，并真实地记录下自己的心中所想的每一个答案。在写完后思考是否所有答案都被书写下来了，之后还需要根据重要性的变化进行排列。

（1）我是谁？

（2）性格是？

（3）能力是？

（4）理想是？

（5）未来是？

在解决第二个问题的时候，可以发散思维，积极回想自己在刚刚认识世界的儿童时期，回想那时首次产生想要做什么的具体内容？然后随年龄的增长，再进行认真排序。

（1）我想做什么？

（2）小时候想干的工作是？

（3）中学时想干的工作是？

（4）现在想干的工作是？

（5）父母希望我干的工作是？

在思考第三个问题的过程中，需要对自己所具备的优点、能力、潜力等进行汇总与梳理。通常情况下，一个人所掌握的能力的大小与表现类型会直接决定着自己的职业定位。与此同时，一个人所积蓄的潜力在很大程度上会直接影响自身的职业生涯的发展空间，总的来说，要全面了解一个人的潜在能力，我们需要从多个维度出发进行研究，其中主要包括此人对于工作的热情、面对问题的判断能力与处理能力，以及其拥有的知识体系是否足够全面、是否及时更新等。

（1）我会做什么？

（2）小时候曾干成的事情是？

（3）中学时曾干成的事情是？

（4）大学时曾干成的事情是？

关于第四个问题，简单来说就是可以做什么。对于这个问题，我们需要对自身所处地域的周围环境进行深入分析，将对于自己从幼儿时期至如今在这样的环境中能够得到的支持和许可，都详细地记录下来，然后根据其重要性进行排序。

（1）周围环境支持或允许的事情是什么？

（2）所在的寝室支持或允许做的是？

（3）所在的班级支持或允许做的是？

（4）所在的学院支持或允许做的是？

（5）所在的学校支持或允许做的是？

（6）所在的城市支持或允许做的是？

首先将所有答案整齐地排列在一起，然后仔细对比第一张到第四张纸上的答案。当我们用一条横线连接内容相似或接近的答案时，就会得到几条线，而那些不会与其他线交叉且位于最上方的线，可能就是自己现阶段最应该完成的任务。基于此，我们就可以三年为一个周期，设定短期、中期、长期的目标；在最近设定的目标里，明确本年度的具体目标；之后对已经确定的目标进行细分，使其被划分为不同阶段的小目标。

在有了明确的目标之后，可以在一天结束之后对自己的目标完成情况进行深入的反思，总结当天的成果、经验和教训，并对明天的目标和策略进行修正。这样日积月累，目标和梦想终会实现。

第三节　职业规划的意义

生涯规划是一个始终存在的过程，其主要目的是为整个职业生涯设定明确的目标，并确定实现这些目标所需遵循的具体方式。在人的职业生涯规划的过程中，设定目标是一个不断探索的过程，基于这一条件的影响，人们能够更好地一步步认识与理解生命的真正价值，并通过实践来达成这些目标，从而为自己的人生发展指明方向。

米歇尔罗兹（Betty Neville Michelozzi）指出："生涯规划有突破障碍、开发潜能和自我实现三个积极目的。"[1] 对于任何人来说，要想获得幸福的生活体验，就需要明确自己的兴趣，并保证自己的生活方式是以自己的兴趣为导向进行选择的。

对于很多学生来说，总是对未来充满迷茫，对于追求他们梦寐以求的工作或生活目标持有疑虑；有些甚至不敢去设想自己的理想未来，因为他们认为这是不切实际的。所以，我们就能够明显发现，真正对学生的未来发展产生较大影响的，主要就是以下两个方面的因素，分别为内在障碍和外在障碍。

一个人的内在障碍往往源于他对自己的了解不够彻底，以及不自信。就比如在现实生活中，总有一些学生总是对自己的优势视而不见，且喜欢将自己的劣势与他人的优势进行对比，如此就会极大地打击自己的自信，进一步加深自己无能的自我认知。而这也就影响之后的求职信心，最终影响自己的求职表现。在这种情况下，不妨探索一下自己的长处，正确看待自己的不足，深入且全面地认识自己并接受自己的不完美，久而久之就能够更好地培养自己的自信心，进而在求职中获得良好的成绩。

大多数情况下，一个人面对的外在障碍往往是由自身所处的环境造成的，就比如就业市场的竞争压力大或是萎缩，就业前景不明朗，等等。而在这些外部环境条件的影响之下，若是没有建立完美的职业生涯规划目标，就会在很大程度上被外界环境影响。对于有着明确的职业生涯规划的毕业生来说，就能够以一个良好的心态面对并不如意的工作，并在积极的心态与饱满的工作热情中不断积累完成自身职业生涯规划的目标的知识、能力与资源。相比之下，若是没有构建明确的职业生涯规划，就会因为工作的不理想而怨天尤人，也很难以一个良好的心态面对当前的工作，也不会有足够的热情积累工作经验，以及掌握更多的专业知识与技能，进而在恶性循环之下，更难找到自己喜欢的工作。尼采说："懂得为何而活的人，几乎任何痛苦都可以忍受。"[2] 总的来说，职业生涯规划的存在能够使人

---

[1] 程龙泉.职业能力培养与就业指导[M].北京：北京理工大学出版社，2017.
[2] （澳）谭乐（Tan Le），著；周先武，赵梦瑶，倪雪琪，等译.脑机革命[M].北京：中信出版集团股份有限公司，2021.

们获得应对困难与挑战的勇气,并获得不断开拓进取的希望,进而可以在发展过程中不断突破自己,最终走向一个幸福的人生。

一、有助于找到职业成功的有效途径

在进行职业生涯规划的时候,不同的人有着不同的看法。主要有两种看法:其一是自己的职业生涯规划确定的目标会根据社会的需求决定;其二是自己的职业生涯规划目标只由自己的兴趣决定。

职业生涯规划的核心是基于对自己的深入了解来制定最适合自己的职业发展路径和最终目标。这是为了使个人在职业生涯中取得成功提供最有力的支持,即如何将"我喜欢做的事情"与"我能做的事情"紧密结合,以满足社会的期望和需求。

大学阶段是学生步入社会的最后一步,但由于他们对社会缺乏了解,导致他们在寻找工作时经常感到迷茫与困惑,不确定是选择继续寻找工作还是开始创业。这种情况使得学生难以根据自己的实际需求制定明确的职业发展规划,从而对他们的就业前景产生不利的影响。在大学当中,教育者应通过为大学生制定职业规划,协助大学生确立正确的三观,从而促使他们能够正确认识自己,并深刻了解自己的优点与缺点,进而明晰自己职业发展路径。

为了更好地满足社会经济的发展和大学生的职业成长需求,他们需要根据职业生涯规划的理论来进一步深入了解自身。这包括明晰自己感兴趣的领域,找到自己的特长,确定进入社会的起始点,以及提供必要的支持和后续援助的方式,从而找到一个完全适合自己的有效的职业发展路径。

二、有助于实现个人全面发展

一个高效的职业生涯规划可以帮助大学生更准确地了解自己的个性,以及自身拥有的优势。这将帮助他们更加深入地认识自己的价值,并使其进一步成长。大学生通过对比和分析自身的优势和劣势,明确职业发展目标和理想,对自己的期望与现实进行对比之后,才能探索新的就业机会。此外,他们还可以探索掌握运用科学的方法，并借助相应的方法和措施，进一步强化自己在职场中的竞争能力，从而斩获理想的工作。

人类的需求呈现出从低级向高级不断变化的趋势，其中最高级别的人类需求就是实现自我价值。为了实现这一目标，大学生就需要一步一个脚印，不断积累经验，通过职业规划的指导开展实践和探索工作，对自己所做的种种工作加以审视，并据此对之后的工作进行调整，以便取得足够的进步。对于就要进入社会的大学生来说，最为关键的任务就是找到适合自己的职业。为此，就需要逐步进行探索和实践，并通过职业规划来加以引导，促使大学生在此过程中不断提高自己的能力，利用自己掌握的知识和技能更好地实现自己的价值。这一过程会使大学生不断完善自我，进而获得新的自我，也能够在有计划的职业规划当中，逐步向着实现目标的道路奋进。

三、有助于提升就业竞争力

现如今，各行各业都有着激烈的变革，且市场竞争逐渐加剧。为了能够适应社会需求与时代变化，大学生就需要精心设计自己的职业生涯规划，以确保有足够的底气应对之后的挑战。

很多大学生并未有意识地进行足够合理的职业生涯规划，而是选择漫无目的地在各用人市场奔走，以期望能够找到自己喜欢的工作，但是这种求职方式在很大程度上浪费了求职者的精力与时间，并且很难获得理想的效果。总的来说，在求职之前，应当先进行细致合理的职业生涯规划，之后明确自己的职业发展目标，从而在实践与探索中向着这一目标前进，最终获得良好的职业发展结果。

四、有助于提升资源驾驭能力

资源在职业成长过程中是不可或缺的一环，总的来说，要想获取职业成长就需要资源的有力支撑。在职业发展的过程中，大学生需要不断积累实际经验，并有意识地增强个人对资源的管控能力，以便在之后的职业发展过程当中牢牢把握新的发展机会。对于大学生来说，职业生涯规划的存在能够有效促进其对于各类资源的积累，进而充分把控职业发展的主要方向，并通过依赖健康的身体、高尚的道德观念和完备的知识储备来实现职业生涯的进一步发展。因此，职业规划不仅能够帮助大学生进一步探索自身职业发展的道路，也能够在某种程度上增强大学生对资源的管理和掌控能力。

五、有助于提升职业能力和素养

大学生的职业规划当中，不仅涵盖了学生就业创业等内容，也包含了丰富的德育内容。面向大学生的德育教育也会贯彻于大学生的职业生涯规划当中，从而能够有效规范大学生在就业过程中的各种行为手段，进而充分提升自身的专业水平与道德素养，以便为社会提供数量与质量都能够得到保证的大学毕业生人才。另外，大学生在制定职业生涯规划的过程中，可以明悟本心，进而找到符合自己需求且满足自身兴趣的未来发展道路，从而有效指引自身的就业与创业之路。

六、有助于提升职业适应性

与学校环境相比，工作环境对学生在多个方面的能力水平都有着更为严格的标准。值得注意的是，在学校中的大部分学生都会因为未曾建立起清晰的未来发展目标而对自身未来的工作发展感到迷茫，也十分恐惧在未来融入社会。为消解这一畏惧情绪，最为关键的工作就是对学生进行有效的职业规划和指导。总的来说，职业生涯规划因其高度专业性，可以使学生获得适合自己的专业化的职业咨询指导，并能够充分解决自身在之后的就业、择业、创业当中遇到的种种难题，从而以一个饱满的热情面对之后的工作，并以一个积极的心态应对社会中的各项挑战。

七、有助于降低离职率

通过对前文诸多大学生职业生涯规划的作用进行阐述，我们可以发现，若是不进行具体、现实且细致的职业生涯规划，那么大学生对于之后的职业发展就很难做到明晰透彻，也就会导致其在就业与择业的过程中因没有明确的目标而显得盲目、无措，最终使其进入自己不喜欢的岗位中，在工作耐心消磨殆尽后可能会草率地换工作。相比之下，能够制定详细的职业生涯规划的大学生在之后选择工作的过程当中，因为有着明确的职业发展目标，所以会对工作的选择十分严格，也有机会找到真正适合自己的职位，这就在很大程度上有效解决了草率入职与离职的问题。

第四节 职业规划的原则

原则是行动的基本规范，也是行动取得预期效果的行动指南。一份出色的职业生涯规划能够有效地确保个人的职业发展，也能够进一步促进社会各行业的进步，并进一步提高个人家庭的生活水平。因此，做好职业规划，就必须遵守下列基本原则。

一、实用性原则

对于面向普通人的职业生涯规划来说，其存在的基础就是契合实际情况。因此，在进行职业规划时必须讲求简便易行的实用性原则。在遵循实用性原则的过程中，应当仔细评估目标是否与个人的性格、兴趣、特长等方面相匹配，是否可以在不超过规定的时间而实现相应目标，以及在进行职业规划时，自身是否能够随时了解实施的进度等。

二、可行性原则

职业规划涉及很多具体的任务和实施步骤，因而，要求规划者不仅要具备规划的意识，更应在规划中体现操作的程序环节。一般而言，对于实施者来说，最为优秀的职业生涯规划需要在其中明确不同的时间、地点、人物等的具体工作，以确保该规划能够在实施者的手中没有偏差地实现最终目标。规划要依据个人的特点、社会的发展需要来制定，并在实施过程中根据人、事、物相关资源的取得进行及时调整。

三、针对性原则

在现实生活中,每个人的成长方式和发展历程是不同的,每个人的生活习惯和性格爱好也是不同的,因此,尽管很多人的专业和从事的职业工作相同,但他们并不能通用一份职业规划。在通常情况下,对使用者来说,个别化的职业规划才是好的职业规划。主要是因为面向个人的,有着较强的针对性的职业规划能够更好地利用个人的特质、优势,并对相关资源进行有效配置与使用。因此,在制定职业规划时,也一定要遵循针对性原则。

四、社会需求原则

选择职业作为一种社会活动,必会受到一定的社会制约。大学生在选择职业的过程中,应该主动了解社会的人才需求情况,并以社会的需求为自己寻找工作的起点;大学生需要以社会对个体的期望为标准,谨慎思考自身未来的发展方向;在做决策时,不仅要考虑到自身对于工作的需求,还要主动地满足社会的需求。

五、指导性原则

在职业规划指导方面,主要需要关注以下三个方面的内容:首先,是提高大学生对职业规划的重视,使其能够建立起牢固的自我管理和自我规划的意识;其次,指导学生在职业规划过程中注重提升自己的综合能力,能够根据自身实际对职业规划进行综合考量;最后,让学生掌握在个人职业规划方面所需的专业知识和技术能力。对于大学生来说,指导者的存在只能够帮助其清楚认识自己的优势与不足,进而充分了解当前社会对于各种人才的需求情况,对于职业生涯规划的具体应用则需要大学生亲力亲为。

六、主体性原则

主体性原则强调的是以学生为职业规划的重点,以学生自身的选择为规划方向,确保指导者的工作既能够发挥作用又不会越俎代庖剥夺学生的选择权。大学生进行职业规划的核心目标是为了找到与其个人成长需求相匹配的职业,进而更好地展现自身的价值与作用。大学生的职业规划直接决定了其未来的职业发展，所以必须由学生自行规划，不可以由学校制定，在此过程当中需要高度重视学生的中心地位。在进行职业规划的过程中，学校与教师只需要提供部分咨询服务即可，以便协助学生更准确地认识自己，并进行未来的职业发展的预测，使学生明晰自己将来要做什么，以及要成为什么样的人。

七、社会性原则

在为自己的职业生涯做规划时，大学生只有将自己对未来发展的期望、社会对于不同人才的需求以及自己所学的专业进行充分统筹考虑，才能够确保自己的职业发展期望成功实现。

还需要注意的是，在进行职业规划的时候，需要将相关规划与自己的专业紧密结合，否则自己就需要耗费更多的时间进行更多的专业内容的学习，这不仅会造成社会资源的浪费，也会影响个人价值的实现。若是将自身的兴趣与所学专业进行结合，就能够使自己有足够的能力与激情深耕于对应的职业领域当中，也能够凭借兴趣与专业知识不断拓展自己的知识面。

八、全程性原则

全程性原则是指大学生职业规划贯穿于整个大学阶段。大学生职业规划应从大学一年级就开始，针对不同时间段的特性和任务要求，需要分不同的阶段和内容来为大学生提供关于职业规划的指导服务。并且，还需要根据每个学生的实际情况，对其进行有针对性的指导。

九、发展优先原则

发展优先原则即个人的职业规划应着眼于是否能促进自身的事业发展，这是大学生在进行职业规划时应考虑的关键因素。大学生在制定规划时，应树立崇高的职业理想和职业目标，不要苛求从事职业的社会地位、环境待遇等，要预测职业生涯中的困难，善于把磨难转化为历练自己的财富、发展自己的动力。

第二章 大学生职业规划

制订职业规划对于大学生来说十分重要。本章共分为四节，分别是大学生职业规划的基本理论、大学生职业规划的影响因素、大学生职业规划的步骤以及大学生职业规划书。

第一节 大学生职业规划的基本理论

一、职业选择理论

职业选择是大学生走向社会时面临的重大选择之一，决定了大学生未来事业发展的方向和成就高低。错误的职业选择会对个人的职业生涯造成不利影响，甚至会妨碍事业成功。错误的职业选择会使个人付出巨大的时间和机会成本，因此选择什么样的职业必须慎之又慎。职业选择对每个人而言并不是一件轻松的事情，因为在诸多选择面前，我们时常面临着个人特质与职业需求、人格类型与职业环境等矛盾与困惑，这些困惑经常会使我们陷入职业选择的误区中。

（一）"特质—因素"理论

"特质—因素"理论是最早的职业辅导理论，又被称为人职匹配理论。它以个人的个性心理特质作为描述个别差异的重要指标，强调个人的特质与职业选择之间的匹配关系。弗兰克·帕森斯是该理论的创始人，后来威廉姆逊、戴维斯等人在其理论基础上，发展完善了这一理论。

弗兰克·帕森斯（Frank Parsons）曾经在《选择一个职业》中明确了职业选择的重点，就是追求人与职业的彼此契合。在他的认知当中，不同的人都拥有他们独一无二的性格特点，并且这些性格特点可以找到与之契合的职业。另外，需要注意的是，所谓的"特质"就是对一个人的各种人格特征的表述，其中主要包括价值观、性格、兴趣等，并且可以利用心理测量工具来准确评估上述内容。所谓的"因素"，就是为了在职业生涯中获得成功所需的特定资质或条件，而若要对其进行了解，就可以对职业特性进行深入分析来获取。

根据帕森斯所阐明的职业选择的三要素，在个人职业生涯规划过程中，可以通过三个具体步骤进行职业选择。

第一步是全面了解个人的生理和心理特点。个体差异普遍存在，每一种职业对工作者的能力、性格、气质等都有不同要求。利用各种类型的评估方法，就可以获得关于被测者的身体健康情况、兴趣爱好、专业技能等信息数据，从而深入评估上述信息。

第二步涉及不同职业对不同个体的从业标准的分析。不同的职业都有其独特的性质，并且其所处的环境条件的要求也不尽相同。比如对应聘者的身体健康状况、心理素质和教育背景的需求、就业机会，等等。个人进行职业选择时，需要结合自己的个性表现进行选择，以实现彼此契合。

第三步涉及"人—职"匹配。在此过程中需要对求职者的自身特性与职业的各项需求进行分析，以确保求职者能够寻找到一个既能够发挥自身优势特点又能够获得事业上的成功的职位。一旦二者匹配，就能够有效提升工作效率，也能够促使人们有更大的机会获得事业上的成功。

帕森斯认为，只有实现了"人—职"匹配，个人才能适应工作，并且使个人和社会同时得益。有这样一个故事。有一次，爱因斯坦收到邀请他担任以色列总统的信件，但是他回信道："我整个一生都在同客观物质打交道，因而缺乏天生的才智，也缺乏经验来处理行政事务及公正地对待别人，所以本人不适合如此高官重任。"爱因斯坦的选择是明智的，否则世界上可能就少了一位大科学家，而多了一位庸庸碌碌的政府官员。因而，大学生在进行职业选择时，应尽可能详细地掌握个人特质和职业特点，进行全面、深刻地分析，区分持久的与暂时的、关键的与次要的特质和因素。比如，体育运动员、艺术家这类职业，个人天分就是较为重要的特质。这样才能最大限度地发挥"特质—因素"理论在职业规划中的作用。

（二）人格类型理论

1. 霍兰德的人格类型理论

霍兰德以特质—因素理论提出了人格类型理论，这一理论主张一个人的职业选择实际上是其人格特质的一种体现和外延，其中人格特质是决定其职业选择的关键。

在霍兰德的人格类型理论当中，将人格特质进行了划分，主要有以下几种类型：现实型（R）、研究型（I）、艺术型（A）、社会型（S）、企业型（E）、常规型（C）。为了便于描述，霍兰德将这六种人格类型放在一个正六边形的每一角（图2-1-1）。其中，相邻人格类型的共同点较多，相隔人格类型的共同点较少，相对人格类型的共同点最少。

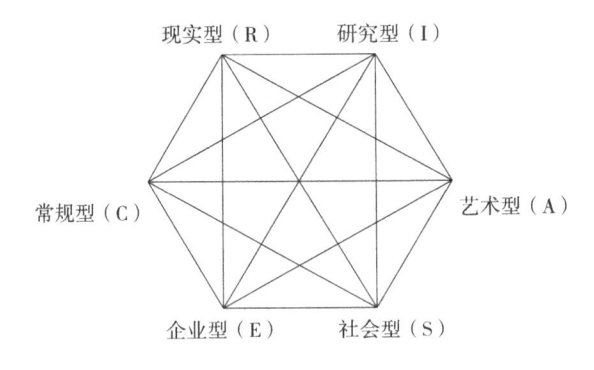

图 2-1-1 六角模型

现实型的人主要有以下特点：其一为可以接受进行各种操作性强的工作，其二为擅长动手，其三为不擅长表达，也不擅长参加社交活动。这类人群有能力完成各种技术性的工作，一般情况下这类工作需要付出一定的体力，并且需要熟练操作使用各种机器，这一类的职业有以下几种：工程师、技术员、木匠、电工、农民等。

研究型的人有着以下特点：有着较强的思维能力，且对新奇事物有着较强的探索欲，不喜欢动手操作，但是拥有丰富的知识储备，能够适应各种创造性的工作，且不擅长做领导者。这类人群适合从事科学研究和实验工作，主要包括自然科学院与社会科学领域的研究人员或专家，以及化学、冶金、无线电等领域的技术专家等。

艺术型的人有着以下特点：比较擅长进行各种形式的艺术创作，渴望以此来彰显自己的才华与价值，各种不流于凡俗的新奇的艺术作品。这类人主要可以从事各种艺术创作的工作，就比如演员、主持人、艺术家、设计师等。

社会型的人有着以下特点：有着较强的道德感，愿意为他人提供帮助，对解决社会中的各种问题十分积极。这类人主要可以从事教师、服务员、医护人员等工作。

企业型的人有着以下特点：精力十足、充满活力、充满自信、擅长社交、敢于竞争，并期望成为领导者，除此之外，对追逐财富、权利有较强的欲望。这类人可以从事官员、企业家、商人等工作。

常规型的人有着以下特点：不擅长做领导，喜欢接受他人的指挥，常常会依据确定的计划开展工作，安于现状且严格遵守各项规章制度，踏实可靠。这类人适合从事档案编辑、资料整理、数据统计等工作，可以担任秘书、邮递员、图书管理员等职位。

如果人格特质与职业环境重合，说明两者匹配性最佳；两者较为相近，说明个人经过努力可适应新的职业环境；两者重合度最差，说明个人很难适应新的职业环境。大学生可以根据自己的人格特质进行职业选择，做合适的职业规划。

2."MBTI人格类型"理论

人格一般也被称为个性或者性格，通常情况下，在心理学领域，人格被定义为一个人在特定情境下的行为反应的特质，这包括人们在日常生活和工作中展现出的独特行为，如思维和决策的方式方法等。在全球范围内，有多种理论用于分类人格类型，其中MBTI人格类型理论受到广泛赞誉。这一理论诞生于卡尔·荣格之手，后经美国心理学家布里格斯和迈尔斯母女的研究和发展，并将其命名为"迈尔斯—布里格个性分析指标（MBTI）"。MBTI理论具有非常雄厚的心理学基础，可以分析出大量的个性特质，从而确定了MBTI与职业选择之间的密切关联。

人格类型的四个维度如表 2-1-1 所示。

表 2-1-1 人格类型的四个维度

我们与世界相互作用的方式	（E）外向—内向（I）
我们获取信息的主要方式	（S）感觉—直觉（N）
我们决策的方式	（T）思考—情感（F）
我们做事的方式	（J）判断—知觉（P）

外向 E——关心自己是如何对外界环境产生影响的，并重点关注外界环境以及自身与他人的互动。

内向 I——关心外界环境的各种变化对自己施加的影响，重点关注自己的内在，重视自己的内在感受。

感觉 S——关注由感觉器官获取的具体信息，关注细节，喜欢使用和琢磨已知的技能。

直觉 N——关注事物的整体和发展变化趋势，重视推理，想象力丰富、有独创力、喜欢运用跳跃性的方式呈现事实。

思考 T——高度关注事物间建立的逻辑，并倾向于通过客观的分析来作出决策和评估。

情感 F——重视自己和他人的情感体验，常常会对他人展现出同情、善意、善解人意等情绪，并以价值观作为评判准则。

判断 J——喜欢秩序的存在，热衷于制定计划。

知觉 P——喜欢宽松自由的生活方式，能够灵活适应环境，喜欢随信息的变化不断调整目标，喜欢有多种选择。

在四个不同的维度中，每个人的性格都存在于特定的分界点的各种位置，这种现象我们通常称其为"偏好"。例如，如果落在外向的那边，称为"具有外向的偏好"；如果落在内向的那边，称为"具有内向的偏好"。现实生活中，各维度的两个方面都可能在我们的性格中体现出来，只是其中一个方面更能生动地反映真实的自我。四个维度各有两个方面，一共组成 16 种人格类型。

(1) 传统主义类型（ISTJ、ISFJ、ESTJ、ESFJ）

传统主义类型的人共性是有很强的责任心与事业心，他们忠诚、按时完成任务，注重稳定、合作和可靠，而且他们严肃认真，工作努力，在工作中对自己要求十分严格。他们有比较强烈的服务于社会的需要和意识。他们坚定、尊重权威，有着较为保守的价值观。他们天性谨慎，细心尽责，重视实用，非常现实，总是从现实生活中加以学习。

(2) 天才艺术家类型（ISTP、ISFP、ESFP、ESTP）

天才艺术家类型的人易受感动，有冒险精神，反应灵敏，他们为行动、冲动和享受当下而活着，常常被认为是喜欢活在危险边缘寻求刺激的人。他们崇尚英勇的行为，爱玩乐，喜欢制造乐趣。他们天真率直，喜爱自然探险，对于身体的感受更加敏感。他们最大的优点就是知识丰富，容易兴奋而且有趣。他们对理论、抽象或概念性的东西不太感兴趣，而且他们可能无视生活和工作中的一些重要的逻辑联系。

(3) 科学家、思想家类型（INEJ、INFP、ENFP、ENEJ）

科学家、思想家类型的人是独立的、理性的、有能力的人。他们有着天生的好奇心，有创造力、洞察力，有获取新知识的强烈兴趣，有极强的分析问题和解决问题的能力。这种类型的人喜欢理论性和技术性强的工作，喜欢抽象的思想和理论概念，对知识有无尽的渴望。他们喜好研究理论，能够懂得复杂的理论性思想，而且善于推断原理和趋势。他们的逻辑性很强，长于分析，对待事物客观而公平。

(4) 理想主义类型（INTJ、INTP、ENTP、ENTJ）

理想主义类型的人在精神上有极强的哲理性，他们善于言辩、充满活力，有非同寻常的影响别人的能力。他们帮助别人成长和进步，具有极大的鼓舞性，被称为传播者和催化剂。不管何时何地，如果能够将深植于内心的信仰付诸行动，他们就会显得热情洋溢，非常有说服力。他们极其善于解决矛盾，帮助人们更有效地在一起工作，而且有能力帮助他人。在他们看来，正直的品质，对于自己信仰的忠贞不贰，这两者是作为一个人不可或缺的，依靠它们才能最终成就人生的成功。

一个人的MBTI人格类型是由遗传因素、成长环境等决定的，约25岁以后，人格类型一般很难改变，只有性格偏好的程度会随着年龄的增长而有所变化。根据MBTI理论，每种个性类型均有相应的优缺点，适合的工作环境、岗位特质。对于大学生而言，使用MBTI进行职业选择的关键在于如何将个人的人格特点与职业特点进行结合。我们在进行MBTI测评时需要注意以下问题。

（1）做正式的MBTI测验。通过文字的描述往往很难一下就准确判断出自己的MBTI类型。为了更好地理解MBTI类型，最好先做一些正式的测验，之后再参考实际情况对自己的类型加以判断。

（2）不要陷入类别名称的描述。16种MBTI类型各有其职业倾向。其中职业倾向的描述都是从大的类别描述的，比如说，我们之前看的这些职业倾向就没有细化到我们的车辆工程、光信息科学与技术这些专业。但我们却知道NT也就是直觉思考型的人可能更适合这种理论性强、技术性强的工作。所以在理解自己的职业倾向时，请不要陷入类别名称的描述，重要的是看到这一类别工作的特点。工作名称千变万化，即使相同名称的职位也可能因不同公司而要求相异，所以只有知晓适合自己性格类型的工作特点，才能灵活地运用这一理论帮助自己选择工作。

（3）不要绝对地看待评测结果。在MBTI的评测结果中，每个维度上一个人只能是一种偏好，如一个人是内倾就不可能是外倾的，是知觉型的就不会是判断型的。但是，这并不代表一个人是内倾的就没有丝毫外倾的特征，所以，不要绝对地看待评测的结果。

（4）偏好类型无好坏之分。在运用MBTI性格类型时，应该注意：正如每个人有不同的指纹，每个人的性格也不一样。每个偏好、每种类型没有哪种是更好的，也没有更坏的，更没有对错之分。在不同的环境当中，不同的性格会发挥出不同的作用，所以我们需要重点了解自己的性格特点，并据此更深入地认识自己，洞察自己的行为模式特征表现，进而更好地应对日常学习与工作，并对自身遇到的各种问题加以解决。但是需要注意的是，这并不代表它可以成为自己逃避某些事情的理由。总的来说，现如今的人类社会当中并不存在完全契合某种性格的职业。同时，人与环境之间的互动也很复杂，很难用某个标准来评价，懂得用己之长，整合资源，才是问题解决之道。

MBTI人格类型揭示了一个人深层的本我，最本能、最自然的思维、感觉、行为模式，而不是在别人面前所表现出的表面的性格特征。MBTI人格类型理论也能够说明不同的人对不同的工作的兴趣程度与擅长程度的差异化表现的原因。通过深入了解自己与不同的人的性格特点，我们能够更准确地评估自己，从而明晰不同的人之间存在的差异，正确认识自己的不足与他人的长处，以免因为固执而导致自己对某些事情作出错误认识。

（三）"人格发展"理论

职业指导理论在人本主义心理学受到越来越多的人的欢迎的时候，也开始重点关注人的需求和职业价值观对人的职业选择产生的影响。人们也开始认识到早期的经验和职业动机对职业选择以及获取成功的重要作用。在这一时期，心理需求和心理动力论接连诞生，它们的共同之处在于都将人与职业的匹配目标着眼于人的"职业满足"。大学生在进行职业规划时也会受到心理的影响。

罗伊（Anne Roe）的人格理论融合了精神分析论、莫瑞的人格理论、马斯洛的需求层次理论，从而成功构建了人格发展理论。该理论试图说明遗传因素和儿童时期经验对未来职业行为的影响，认为早期经验会增强或削弱个人高层次的需求，进而影响人的生涯发展，她特别强调早期经验对以后职业选择行为的影响。

罗伊持有的观点是：一个人的人格成长在很大程度上依赖于其在幼儿时期所获得的需求的满足与积累的挫败的经验，而这些经历往往会受到其家庭文化背景的深刻影响。总的来说，在幼儿时期，家长的育儿方法以及与孩子的互动，都会对日后的职业追求和获得的成就产生较大影响。因而，罗伊于1957年提出了亲子互动模式，将亲子之间的关系分为三种类型。（图2-1-2）

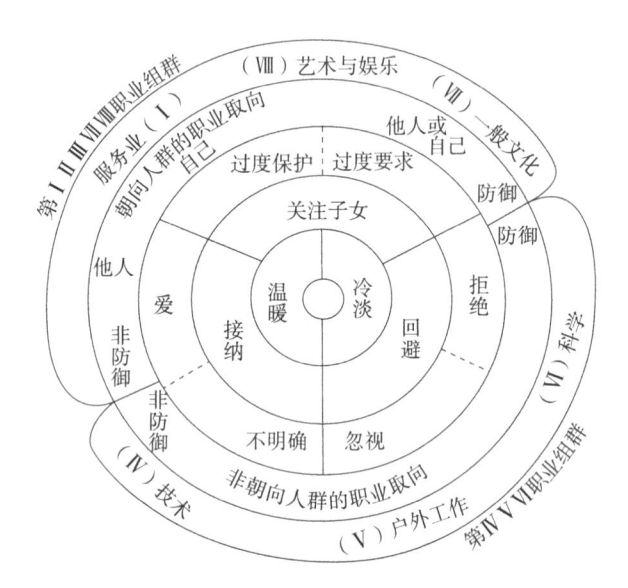

图 2-1-2 亲子关系与职业选择的关系

1. 关注子女型

关注子女型的父母，往往体现为对子女的过度保护。他们虽然能够事无巨细地满足孩子生理上的需求，但却无法满足孩子心理上的需求，就比如其对于自尊的追求。因此，长期处于这样的环境中的孩子，将来会展现出较为强烈的人际倾向。尤其对于那些"过度要求型"的父母来说，他们在满足孩子的需求时通常会作出一定的要求。只有孩子的所作所为被父母认可的时候，他们的各项需求才会被满足。在这种环境中长大的孩子通常会极致地追求完美，他们很多时候都会因为自己表现得不尽如人意而感到茫然失措，这使得他们在选择职业时面临更大的挑战。

2. 回避子女型

一般回避子女型的父母会存在拒绝与忽视这两种表现形式，这种类型的父母仅仅满足了孩子的生理需要，却并未重视他们的心理需求。在这种教育环境下的孩子各方面的需求的满足过程都是不美好的，且最终结果也是不完美的，并且孩子也不会在这种环境中获得更高层次的需求。总的来说，这类人群日后在生活中并不喜欢与他人交往，而且常常会选择凭借自身努力满足自身需求。

3. 接纳子女型

接纳子女型的父母通常情况下会表现为两种形式，分别是"爱的接受"与"模糊的接受"。第一种方式不仅可以满足孩子的多种需求，同时也不会阻碍他们在成长过程中的独立性的发展。第二种方式则持有一种不加束缚、任其自由发展的观点。在这种环境下长大的孩子会有着各种类型与层次上的需求，且能够独立对自己的行为作出决策。

因此，童年的经验与职业选择有极大的相关。在进行就业环境的选择的时候，若是幼年时期能够享受到温暖和煦的家庭氛围，那么求职者在很大程度上会选择与更多的人相处的工作；若是幼年时期生活在冷漠疏离的家庭环境当中，就会在成年时选工作时倾向于研究或简单重复类型等的工作，主要还是因为这些职业并不需要与过多的人进行接触与交流。

二、职业探索决策理论

从 20 世纪 60 年代开始，职业指导者就开始运用经济学中的决策理论对如何做出职业决策的过程和行为进行了深入研究。职业规划的理论需要适应不断变化的现实，不应仅仅局限于协助个体满足现有的职业需求或为一个预设的职业做前期准备，还应强调对于个体的决策意识和问题解决能力的重点培养。职业决策理论着重于个体对纷繁复杂的信息加以掌握，这包括对工作环境、个人的人格特质、能力水平等方面的理解，以及对其他的评估方法和标准的认识程度。

（一）奇兰特的决策过程模式论

美国心理学家奇兰特（Gelatt）认为，在职业生涯决策过程中，一方面要强调个体价值观、期望值和职业成功的可能性，另一方面要以理性的方式进行决策，在客观分析自身和外界环境之后，以一定的标准计算出投入成本和收益之比，制订出科学可行的、个性化的方案。实施这个方案，将会使自己的优势得到最大程度的发挥，需求得到最大程度的满足。

在奇兰特看来，职业决策过程主要可以分为以下五个步骤。

第一步：个体需要重视决策的重要性，并着手进行决策的目标制定。

第二步：对与决策的目标相关的信息进行搜集与汇总，并对所有能够实现这一目标的方法进行调查。

第三步：对收集到的数据进行预测分析，预测可能出现的结果和这些结果发生的可能性。

第四步：以个人对于不同的行动结果的偏好，来判断这些结果是否达到预期。

第五步：在进行决策的评估和选择时，总结整理可能出现的结果和这些结果存在的实际价值，基于特定的标准对相应的方案进行评价。

后来，奇兰特又提出了"积极的不确定论"。简单来说，就是要求人们在面对决策中存在的诸多不确定因素的时候，需要始终秉持着乐观的心态。在他看来，决策的过程主要会涉及三个方面的内容，分别为收集信息、调整流程以及作出行动决策。他主张在做决策的时候建立步步为营的心态，并且始终保证不会因为掌握了一定量的信息就认为自己掌握了未来的走向，要始终保持谦逊。此外，决策者需要根据实际情况对自己订立的目标进行及时调整，从而获得全新的体验、价值、观点。总而言之，在他看来，人们之所以能够在职业发展中获得成功，就是因为自己面对不可预知的未来的时候能够始终保持乐观的心态与谦逊的态度，不妄自尊大，深入思考怎样对自己获得的信息加以掌控，并且还需要积极探索掌握自己命运的方式。大学生亦是如此，在进行职业规划时，要保持积极向上的心态，自己做主。

（二）泰德曼的决策历程模式论

美国学者泰特曼（Tiedeman）认为，生涯决策是一个完整的过程，由一系列不断递进的阶段组成。第一阶段是参与阶段，即了解和收集信息，确定几种可选择的方案，并选择其中一种，再进一步给予检验；第二阶段是履行和调整阶段，即初步接受并履行所做的选择，努力完成工作任务并求得进一步发展，然后在这一过程，取得个人选择和环境要求之间的平衡。大学生在进行职业规划时，也要遵循该模式，便于作出正确的职业判断。

泰德曼提出了在职业决策中始终强调分化与整合的模式。其中，分化描述的是个体逐渐融入职业领域。整合的核心思想是将分化的部分重新整合，以更好地满足个体的特定需求。在整个理性决策的过程中，这两种心理因素持续地发挥作用。职业决策的全过程被划分为两个主要阶段和七个具体步骤。（图2-1-3）

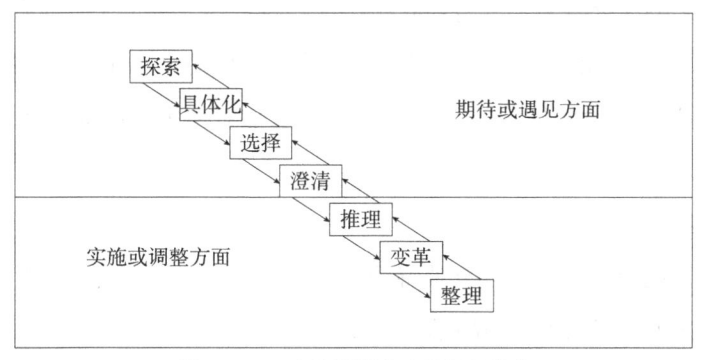

图2-1-3 泰德曼职业决策历程模式

在第一阶段，一般认为是预期阶段，通常将其分为以下四个步骤：（1）探索：考虑各种不同的选择方向和潜在的目标；（2）具体化：仔细权衡各种选择的方向或目标的长处和短处；（3）选择：确定一个可以解决当前问题的目标；（4）澄清：修正与调整准备要行动的目标。

第二阶段为实施和调整阶段，也包括三个步骤：（1）推理：开始执行自己的选择，也是新经验的开始，在新的环境中，争取他人的接纳；（2）变革：调整步伐与心态，专心一致，肯定自己在新环境中的角色；（3）整合：个人的信念与集体的信念达到平衡与妥协。

泰德曼在其职业生涯决策理论中特别强调了个人在生涯选择过程中的复杂性和独特性。在他看来，生涯发展本身就是一个持续地认识自己，并对发展性任务与社会心理问题进行处理的过程。职业发展与个人心理发展是同步的，并特别强调自我发展与职业决策发展的一致性。

（三）克朗伯兹的社会学习论模式

美国教育和心理学教授克朗伯兹提出了职业决策的社会学习论模式。该模式强调学习的重要性以及它对职业决策的影响，把职业决策看作是一种习得的技能。一个人在社会中的成熟程度很大程度上取决于他对他人行为的模仿和学习，这也决定了他的职业发展方向。克朗伯兹提出影响职业决策的以下四种因素。

1. 遗传因素和特殊的能力

一个人所拥有的某些遗传属性，在一定程度上限制了他的职业选择自由度。其中，这些影响因素涵盖了其身体状况、性格特点等。一个人所拥有的特殊技能有音乐、绘画等方面的能力。这些特殊的能力会对他的学习体验产生影响，并且，因为相关的学习体验而培养的兴趣和技巧，也会对他未来的职业规划产生显著影响。

2. 学习经验

克朗伯兹认为，每个人都有独特的学习经验，这对于个人的生涯抉择具有重要的影响。他提出了两种类型的学习经验。

（1）工具式学习经验

个人为了获得好的结果，在特定的环境中采取一定的行为，其后果对个人会有重要的影响作用。克朗伯兹认为，生涯规划和职业所需的技能，可以通过工具式学习经验而获得。

（2）联结式学习经验

所谓的联结式学习经验，是指在特定的环境影响下，个体可能会展现出或积极或消极的情感反馈。需要注意的是，很多人建立的这种联结式学习经验或许一生都不会改变，并且会对其职业生涯规划造成严重的影响。

3. 环境状况和事件

克朗伯兹指出，在影响职业规划的多个因素中，有很多是由外界环境制造的，这超出了人的控制范围。另外，需要注意的是，这些能够产生影响的环境因素或是由人类的活动导致的，或是由自然因素导致的。

4. 职业取向的技能

如前文所述的多种因素，会以相互作用的方式影响个人，从而使其形成个性化的职业取向技能，其中涵盖了问题解决能力、个人的情感反应和态度、工作习惯等方面的内容。

按照社会学习理论的观点，上述四种因素相互作用会对个体的职业决策产生重要影响。克朗伯兹基于自我效能正式明确了职业生涯规划的"主动建构理论"。其中，职业生涯的自我效能指的是我们对于完成某些决策活动有足够的自信。职业生涯发展的过程是帮助我们更好地了解自身并明晰各种可能性选择的过程，在此过程中积累的各种经验也会极大地影响着我们之后的职业生涯的各项决策。在职业生涯发展过程中，我们能够积极地寻觅合适的模范和值得信赖的导师与朋友，进而掌握与职业发展和生涯规划相关的专业知识。

总之，个性、兴趣、价值观等实际上都是学习的结果。生涯规划的核心不只是实现个人特质与对应职业的契合，更重要的是，使人能够在各种活动实践当中积累经验并熟练掌握各种技能，进而更好地应用于之后的职业发展当中。除此之外，还能够进一步拓展自身的兴趣范围、不断增强自身自信，并完善自己的世界观。生涯的选择是终生的历程，是了解自身和进行各种选择的过程。个人的起点各不相同，但不管在哪一个起点，如果大学生都能够科学合理地运用生涯决策的理念和方法，并在实践中贯彻执行和落实，都能开创属于自己的精彩未来。

三、职业生涯发展理论

人的生命有两个端点：出生与死亡。而其职业生涯的发展是一个持续存在、不曾断绝的过程，在此期间，需要不断学习、不断成长。一般而言，生涯发展描述的是一个人根据自己的生活规划和目标，为了实现自我价值而经历的特殊生命旅程。职业生涯的进展是不断变化和发展的，不同的成长阶段都有其特定的生涯规划和发展目标，而在不同的时间段，它们各自扮演着各具特色的角色。自20世纪50年代初期，众多学者就着手研究职业及生涯发展，并逐渐建立起了一套完整的职业生涯发展的理论体系。

（一）生涯发展阶段论

1. 金斯伯格的职业生涯发展理论

金斯伯格通过对童年至青少年时期的职业发展心理进行研究之后，将职业生涯进行了以下三个阶段的划分。

（1）幻想期（11岁之前）

11岁以下的孩子对于他们所接触或看到的各种职业角色都表现出强烈的好奇

心，他们时常梦想着长大后能够成为像这些职业的人，甚至于会在日常生活中的言语和行为上加以模仿。

在这一阶段，职业需求的显著特征是：仅仅根据个人的兴趣和爱好来进行职业的选择，而忽视了个人的实际条件。

（2）尝试期（11—17岁）

尝试期代表着从少年阶段过渡到青年阶段的时期，这一阶段是中等教育阶段。在这段时间里，人们在心理和生理上都开始了快速成长，逐步形成了自己的独立意识，也构筑了属于自己的核心价值观，伴随着所学知识的增多，技能的掌握也在加强，开始积累社会生活的经验。

在这一时期，职业需求的显著特征包括：对自己的职业兴趣有着足够的关注，并且逐渐以一个客观的角度对自己的各项条件加以研究；将自身对于职业的关注重点转向当前各职业的社会地位与社会对于不同职业的需求程度。

（3）现实期（17岁以后）

在这个阶段，人们已普遍完成了中等教育，而且有一部分人已经准备开始进入社会寻找工作。他们能够对自己的职业需求、具体条件以及社会对于不同职业的需求进行深入的认识，并加以结合，最终找到契合自己要求的职业。大学生就处在现实期，能够根据自身和外部的因素来恰当地进行职业的选择。该时期职业需求的特点是：已有具体的、现实的职业目标，讲求实际。

2. 舒伯的终身职业生涯发展理论

舒伯在正式提出"生涯"的概念之后，就开始将生涯发展视为一个持续进步的过程，而这一过程包含人的一生。

在舒伯的生涯发展理论中，主要有以下五个发展阶段：成长阶段（0—14岁）、探索阶段（15—24岁）、建立阶段（25—44岁）、维持阶段（45—65岁）、衰退阶段（65岁以上）（图2-1-2）。其中，不同的阶段在职责、角色定位与发展任务的制定上各不相同，并且上一阶段的发展任务的完成情况会对下一阶段产生重要的影响。

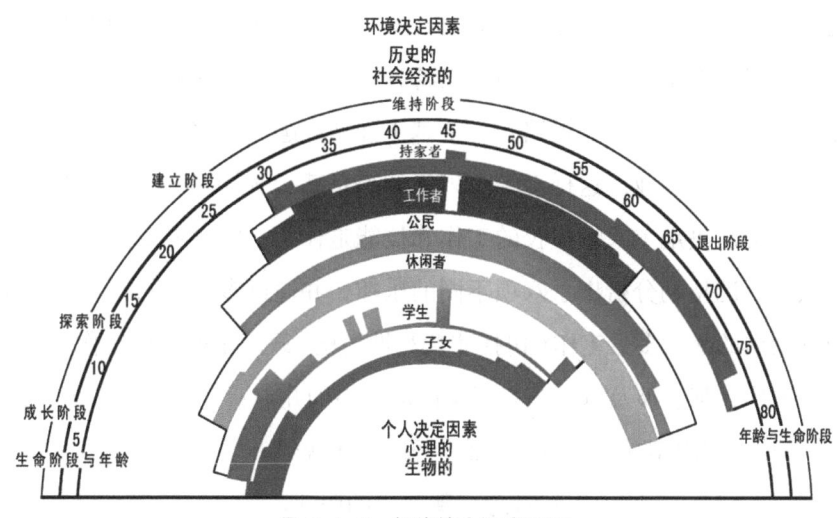

图 2-1-2 舒伯的生涯彩虹图

从舒伯的生涯彩虹图中，可以看到生涯规划被立体化了。从长度上看，它包括了一个人从生到死的全部生命历程；从空间上看，该过程并不局限于对职业角色的关注，同样重视非职业角色对一个人生涯的影响。舒伯认为，持家者、公民、休闲者、学生、子女、配偶、退休者等角色和工作者的角色都是一个人自我概念的具体表现。"自我概念"所指的是个体对于自身各项条件的主观认识与评价，其中，对于一个人来说，正式开始构建自我概念的时间是青春期之前，之后在青春期时开始有明确的认识，最后在成年时从自我概念正式转变为生涯概念。通常情况下，一个人在工作与生活当中能够获得价值上的表达与心理上的愉悦会直接决定其对自己的工作与生活的满意程度。大学生要根据自己的兴趣、能力等因素进行职业生涯规划，以便更好地实现自身发展。

（二）生涯发展乐趣论

蒂莫西·巴特勒（Timothy Bulter）博士是美国心理学和经济学交叉领域的专家，著有《哈佛职业生涯设计》《别与成功擦肩而过：十二项你必须克服的职场弱点》等。

蒂莫西·巴特勒与其同事历经十二年的研究，提出了生涯发展乐趣理论。在"career"成为越来越普遍的用词之前，工作被称作"vocation"，拉丁文意思是内心深处的事业——从事能够带来意义的工作。现在，人们经常把职业当作"工作"，即一份为了谋生而不得不做的事情。巴特勒认为，个体应该从长期角度考虑，追寻一条适合自己的职业发展道路，一个基于强烈兴趣，能够符合一个人"根植于生命中的乐趣"的职业，这样会带来内心的满足感、成就感。这种乐趣和休闲娱乐无关，也无法决定个人最擅长的工作和技能是什么，但决定个体做什么工作才会感到快乐。巴特勒分析出了八项不同的乐趣，并通过多种不同的方法来囊括广泛商业领域内的绝大多数工作（包括非营利性机构、政府里的管理工作）。他认为，任何一份工作，都会涉及以下核心兴趣或活动中的几点：

（1）技术应用型——如技术或像工程师一样思考。

（2）创造型——致力于新观念、新项目的职业。

（3）定量分析型——用数字解决问题。

（4）理论发展和概念化思维型——如制定战略、思考总体规划。

（5）咨询指导型——帮助人们发展自身。

（6）管理他人与发展关系型——和他人交往互动，激发他们的热情并领导他们。

（7）企业控制型——制定计划与战略安排，协调资源，落实计划。

（8）通过语言和思想去影响别人——亲身说服，说服客户或所在机构里的人。

按照生涯发展乐趣理论，找到喜欢的职业，走上成功的个人发展之路，是所有人的理想。个体应该追寻能给自己带来深层满足感的职业发展道路。研究表明，当我们从事的工作允许我们表达自身强烈的兴趣时，我们就有机会取得更为显著的成果，自身也能够获得更大的成功。由于我们认为工作是实现自我价值的手段，因此我们更倾向于在当前的工作岗位中完成更多的工作。为了找到最理想的职业发展道路，个体需要在个人兴趣和日常工作之间寻找一个平衡点。这一点比从工作中得到的回报，如金钱、名誉或是技能的发挥，都要重要得多。

此外，巴特勒博士通过多年调研，归纳出12项职场缺陷的行为模式：（1）非黑即白、机械；（2）总觉得自己不够好；（3）无止境地追求卓越；（4）无条件地回避冲突；（5）强横压制反对者；（6）天生喜欢引人侧目；（7）过度自信，急于成功；

（8）被困难"绳捆索绑"；（9）疏于换位思考；（10）不懂装懂；（11）管不住嘴巴；（12）我的路到底对不对。每个人或多或少都具备上述12种行为模式的影子。大学生应在努力迈向成功之时，检视一下自己，填平职业生涯上的心理缺陷，这样才能更深入地挖掘潜藏在个人内心的乐趣，为自己的成功铺平道路。

（三）职业锚理论

在就业指导领域有着极为重要的贡献的美国著名指导专家埃德加·施恩教授是职业锚理论的提出者。他认为，职业生涯规划会伴随人的一生，并且在此过程中，人对自身的了解逐渐加深，在此过程中逐渐形成一个发挥主导作用的"职业锚"。这个被称为"职业锚"的概念，指的是一个人所指定的职业生涯规划中最为重要的东西，即人们选择和发展职业时所围绕的中心，可以简单地理解为职业定位。

职业锚可分为以下八种类型：

（1）技术/职能型。持有这一职业锚的人致力于在技术或职能方面的不断成长，积极提升相关技能水平，并主动探索应用相关技术或职能的可能性。这部分更倾向于应对专业领域的各种挑战，而不是进行常规的管理。

（2）管理型。拥有这种职业锚的人追求职位晋升，会全心投入管理工作当中。他们能够积极联络其他部门，并整合不同部门的工作成果，愿意承担责任，并将公司的健康发展视为自己的工作职责。

（3）自主/独立型。拥有这类职业锚的人更喜欢自由形式的工作与生活，更追求一个能够充分展现个人才能的工作氛围，不喜欢受到公司等组织的限制，为了工作上的自由，他们可以将升职的机会让给他人。

（4）安全/稳定型。拥有这类职业锚的人十分重视工作的稳定，并不在乎职位的高低与相应的工作细节。

（5）创业型。拥有这类职业锚的人更倾向于创建属于自己的公司，或开发自己的品牌、服务等。他们会勇于面对困难与风险，尽管现如今他们尚在某些工作供职，但是在时机合适的情况下，他们就会开始创业。

（6）服务型。拥有这类职业锚的人始终致力于传播他们所认同的核心价值观，例如帮助他人和优化工作环境等。

（7）挑战型。拥有这类职业锚的人倾向于解决各种难题，在他们的工作理念中，其工作的目的就是有机会克服各种看似无解的困难。

（8）生活型。拥有这类职业锚的人期望能够将生活中的多个关键领域融合为一个统一的整体，基于此，他们更希望找到一个弹性的工作环境。

为了更好地明确职业定位，实现更好地职业发展，大学生可以思考一下在哪些知识上投入了巨大精力，在课外时间主要用于学习哪些知识，了解自己的职业锚。

从职业选择、决策理论到职业发展理论，人们在职业生涯规划管理的实践中逐步由被动转向了主动。但是在现代社会，知识与信息成为主导因素，此时，在职业生涯管理中，最为关键的就是探索新的路径以实现职业生涯的成功。通常，职业生涯成功的标准可以依据客观成功（薪金和职位）和主观成功（自我认同、工作满意和精神满足）衡量。目前，综合国内外学者有关职业成功因素的考察，我们可以将影响职业成功的因素大致归纳为心理因素、能力素质因素、技巧策略因素、组织和社会因素共四个层次。一般情况下，能力素质和技巧策略是智商主导的，而心理因素与情商之间存在着直接的联系。众多的心理学研究均指出，人之所以能够获得成果，智力因素只起到了20%的作用，相比之下，非智力因素，尤其是情商，发挥了80%的作用。所以，心理因素被认为是影响职业成功的关键因素。但是如何实现职业生涯客观成功和主观成功的均衡发展，值得我们深入研究。对于在校大学生来说，如何在职业生涯管理实践中构建一种积极的心理状态，从而将其转化为职业生涯成功的心理因素，也需要在大学生的职业生涯规划管理过程中进一步实践认证。

第二节　大学生职业规划的影响因素

影响大学生职业生涯规划的因素有很多，可简单归纳为外部因素和内部因素两个方面。

一、外部因素

（一）社会环境

1. 政治环境

政治环境主要包括社会政治制度、政治状况以及社会法制的完备程度。我国政治制度稳定，法制化进程发展迅速，市场经济已步入正轨，这为各种人才成长发展提供了前所未有的机遇。但同时人才竞争也日趋激烈，大学生就业难的现状也日益凸显。因此，大学生应在分析社会现状的基础上，有针对性地做好职业生涯规划。

2. 经济环境

经济环境是影响大学生职业选择和职业发展的重要因素，具体说来，经济环境方面的因素主要有以下几个方面。

（1）经济形势因素。就业形势深受经济形势的影响，进而左右着大学生对职业的选择和未来的职业发展道路。经济发展是否繁荣直接影响着企业效益，导致其人力资源需求增加或减少，最终导致职业选择和发展机会的增加或减少。同时，从经济形势的局部情况看，新兴行业会带来新的职业选择和更多的岗位，而一些传统行业的逐渐衰落会导致一些职业的消失。

（2）经济发展水平因素。我国经济发展水平存在明显的地区差异，东部沿海地区经济发展水平高，不仅有众多大企业落户，还有大量的中小企业，职业选择多，个人职业发展机会多；西部地区经济发展水平较低，企业的数量和规模远不及东部，职业选择少，个人职业发展机会也较少。

（3）收入水平因素。人力市场的需求由产品需求派生而来，如果人们的收入水平高，就会花较多的钱购买产品，刺激企业扩大生产，进而提出更大的人力需求，这样职业选择和发展的机会就会变多；反之则会变少。

3. 社会文化环境

社会文化环境包括教育条件和水平、社会文化设施等。在良好的社会文化环境中，个人能得到良好的教育和熏陶，从而为职业发展打下坚实的基础。

每个人的行为和思想都深受社会文化的影响，同时人们的基本信念价值观和道德行为规范的变化也会反映在社会文化之中。我国地域辽阔、民族众多、历史悠久，社会文化具有复杂性，因此，大学生在选择职业、规划职业生涯时，要充分考虑当地的文化环境。

大学生在进行职业生涯规划时，主要应了解的社会文化环境内容包括：社会政策，主要是人事政策和劳动政策；社会变迁，如知识经济和信息化社会的发展；社会价值观，价值观会随着社会的不断发展和进步而发生不同程度的变化，从而会影响社会对人的认识和对职业的要求；科学技术的发展，科技的发展会带来理论的更新、观念的转变、思维的变革、技能的补充等，而这些都是职业生涯规划中不可或缺的因素。

4. 教育环境

一方面现代教育体制改革使更多的年轻人有接受高等教育的机会，这使得高学历人才迅速增多，高素质人才的竞争将更为激烈。另一方面，我国教育体制原来较为忽略职业技术教育，而我国依然面临技术工人匮乏的问题，因此，掌握一至两项实用技术，成为高级蓝领，也是大学生不错的职业选择。

（二）组织环境

组织环境主要包括组织外部环境和内部环境两个方面。

组织外部环境是指存在于行业之中、组织之外，组织不能控制但是能对组织决策和绩效产生影响的外部因素的总和。组织外部环境基本分为四部分，即组织在本行业中所处地位、情况和发展前景，面对的市场状况，所生产产品的市场前景，组织可提供的岗位等。

组织内部环境主要包括以下方面：组织规模和组织结构；组织实力、声誉和形象；组织文化、组织氛围和人际关系状况；组织发展战略和发展态势；目前的产品、服务和活动范畴，市场发展前景；组织领导人与组织政策和组织制度；组织人力资源开发与管理状况，如人力资源需求、晋升发展政策、薪资和福利、教育培训、工作评估等；工作设施设备条件和工作环境等。

（三）家庭环境

家庭是个人成长的最核心的环境，任何人的性格和品质的形成及个人的成长都离不开家庭环境的影响。亲子关系、家庭的经济情况与社会地位、家长教育方式、家长希望孩子从事的职业以及期待程度、家长的职业和榜样作用，等等，都会影响大学生的职业选择和职业规划，因此，我们经常看到教育世家、艺术世家、商贾世家等。但研究也表明，对自我的了解和理解程度高的大学生在规划职业生涯时，受个人兴趣和专业的影响更大，受家庭环境的影响较小。

大学生在进行职业生涯规划时，一方面要考虑家庭的经济状况、家人期望、家族文化等因素对本人的影响；另一方面，个人在成长过程中，在不同时期也要根据自己的成长经历和所受教育的情况，不断修正、调整，并最终确立职业理想和职业规划。正确而全面地衡量家庭情况才能有针对性地设计自己的职业生涯规划。

二、内部因素

（一）气质

气质可以理解为一个人的心理特征，如心理活动的速度、强度、稳定性和灵活性等，是行为上对神经类型特征的表现。人的气质大致可以分为如下四类，每一类适合的职业不同。

1. 胆汁质

胆汁质表现为：精力充沛、富有热情和激情、直率、易暴躁、情绪反应热烈、精神活动极具兴奋性、反应快但灵活不足。这种气质类型的人在工作中极具热情，勇于攻克一切难题，然而在工作中的不满也会直接而强烈地表现出来，当对工作不感兴趣或没有信心时，情绪会非常低落。胆汁质适合探险、地质勘探、登山和体育运动等富有竞争性、冒险性、要求风险意识强的职业。

2. 多血质

多血质表现为：性格活泼、思维跳跃、反应速度快、好动、环境适应性和交际能力强。这一气质类型的人往往具有比较强的工作能力，情绪丰富，很容易兴奋起来，然而难以对一件事物保持长时间的注意力和兴趣。多血质适合的职业较多，如导游、外交、公安、军官等对反应速度和灵活性有较高要求的职业，较为单一乏味和要求细致的职业不适合多血质。

3. 黏液质

黏液质表现为：性格安静、不易兴奋、稳重；很多想法藏在心里，很少表现在语言和情绪上，反应慢，同时更具稳定性，比较固执和冷漠；习惯于按照规则办事，克制能力强，踏实专一，可以埋头苦干，需要一定的视角才能适应新工作，忍耐性高。这一气质类型适合会计、法官、管理人员、外科医生等对稳定、细致和持久性要求较高的职业，不适合冒险性职业。

4. 抑郁质

抑郁质表现为：性格敏感孤僻、行动缓慢、对情感的感受力强、观察力强，很容易观察到其他人忽视的细节，很容易感到疲倦，工作耐受性差，行事谨慎，很容易惊慌失措，较为多愁善感。这一气质类型比较适合哲学、理论研究、应用科学、机关秘书等对精细度和敏锐度要求高的职业。

气质类型并不是排他的，大部分人具有某一主要气质的同时，也会杂糅其他气质。因此，在选择和规划职业时，大学生要善于明确个人气质类型，以此为依据选择合适的职业。

（二）性格

性格是一种比较稳定的个性心理特征，表现在一个人对现实的稳定态度和行为习惯之中。宏观而言，性格包含了行为方式、心理方式、情感方式，是对个人心理面貌的集中反映。

根据职业心理学，性格对于人能否快速适应某一职业有着重要影响。不同的性格适合的职业不同，并且每个职业不仅有知识、技能和经验上的要求，还会有性格上的要求。所以，大学生在做职业规划时要认清个人性格特点，选择与之匹配的职业。

性格与职业相匹配是指个人在选择职业时，应根据自己的性格来选择与个人性格相适应的职业。于组织而言，则应该根据职业要求挑选相应性格的人。人们通常将人的性格分为外向型和内向型。通常而言，前者适合从事与多人交往的职业，如记者、教师、推销员等；后者适合从事稳定性强、按计划工作同时不需要与多人交往的职业，如图书馆员、技术人员、会计师等。不过，人的性格是复杂的，少有绝对外向或者绝对内向的人，绝大多数人是混合型。此外，外向与内向是相对而言的，没有一个确切的标准。因此，大学生不能轻易给自己的性格类型做结论，还应通过咨询和自我测验来确认自己的性格类型。

（三）兴趣

兴趣指的是一个人在探究某一事物时积极的态度倾向、认识倾向，具有稳定性、主动性和持久性。对于每一职业的兴趣，就是职业兴趣。从事自己感兴趣的职业，就会非常自觉和积极地投入到工作之中，从而取得较好的工作成就；相反，从事自己不感兴趣的职业，工作态度和积极性差，最终很容易一事无成。现代最具代表性的择业观念就是根据兴趣选择职业。

大学生选择职业时，要充分考虑个人职业兴趣，如果仅仅因为工资高而选择不感兴趣的职业，那么工作就会变得非常痛苦，无法在工作中展现个人能力、实现个人价值。大学生应当分析个人兴趣和与之相关的职业，并且构建正确、健康的志向，纠正不良兴趣，使之与社会发展和时代发展相适应，努力从事感兴趣的行业，在愉快的工作经历中发挥个人能力。

职业兴趣深受后天经历的影响，往往是因为某一方面具有突出优势、取得很多成就，而逐渐形成和发展为浓厚的兴趣。若我们对某个职业完全不了解，甚至不知道世界上有这样一种职业，就不会对这一职业形成兴趣。所以，大学生应当多关注社会上各种各样的职业，广泛学习职业知识，多参与择业会等活动，从而找到自己的职业兴趣。

（四）能力

能力指的是为了做成某件事而必备的个性心理特征，是人的社会实践中展现的身心力量。能力如何对工作成果有着直接影响。能力是求职者开启职业大门的钥匙。个人只有选择了与自己能力倾向相吻合的职业才能如鱼得水，否则，就会影响职业活动的效率。

能力可以分为一般能力和特殊能力，并且每种职业所对应的能力要求不同。个人职业能力一般包括九种：一般言语能力、数理能力、空间判断能力、察觉细节能力、书写能力、运动协调能力、动手能力、社会交往能力和组织管理能力。

第三节　大学生职业规划的步骤

大学生职业生涯规划的设计和实施，一般要经过职业定向、自我评估、环境分析、确定目标、职业定位、选择职业生涯路线、策略筹划、职业规划的实施及反馈与修正等阶段。要想设计一份完整科学的职业规划则则应该认真把握好这几个环节。

一、职业定向

只有在正确的方向上前进才能到达成功的彼岸，职业生涯规划更是如此。俗话说："志不立，天下无可成之事。"[1]

立志为成就事业之起点，蕴含着个人理想、胸怀、价值理念等，对奋斗目标和成就有职业影响。我国传统文化十分重视立志在成材中的作用。孔子说自己"十有五而志于学"，自己的人生志向是让"老者安之，朋友信之，少者怀之"。可见人生志向对于人的重要性和坚定性。因为志向、理想是人生指路的明灯，它指引前进的方向，有了目标和方向，才不至于迷途，才能动员一切力量和勇气去与艰难困苦作斗争，不达目的决不罢休。

内心的真实想法是什么呢？究竟想将来做些什么呢？这里给大家提供明晰职业志向的方法，可以向自己连续发问：

（1）当老去的时候，最希望人们如何评价自己？

（2）最希望在哪个领域里有所成就和建树？

（3）假如不需要考虑金钱和时间，最想从事的工作是什么？

（4）理想的生活方式是什么？

（5）未来要创造的成绩是什么？

---

[1] 束学安. 王阳明心学智慧 [M]. 北京：台海出版社，2022.

(6)将来要从事的行业是什么？

(7)将来的职业名称是什么？

(8)会从工作中得到什么？

从这些发问中，大学生会逐步清晰自己的职业志向。当然志向不能脱离实际，大学生最忌"眼高手低"。在《恰同学少年》中，青年毛泽东在老师杨怀中提出志向问题时，并没有一开始就给出明确回答，而是在不断的实践中逐渐探索，树立了远大的志向。所以欲立志，必先实践。

二、自我评估

自我评估，顾名思义就是自己评估自己，只有对自己形成了清晰、全面的认识和了解，找到自己的兴趣和优势，才能找到合适的职业，进而规划好个人职业生涯发展道路。

自我评估必须全面，不仅要认清自己的知识和技能水平，还要认清自己的气质、性格和兴趣。这是职业生涯规划的重要基础，连自己都认不清，哪能分清职业是否适合自己？自我评估说易行难，世界上最了解自己的人是自己，最不了解自己的人也是自己，只有保持客观、理性的眼光，才能确定自己的优势和不足，进而为职业目标的确定提供依据。

不适当的自我评估不是过高的评估就是过低的评估。

前者会使人眼高手低，只去关注一些"高薪""体面"的职业，而看不到自己与这些职业要求的差距，过分自信，乃至自负；后者会使人看不到自己的优势，难以发挥个人长处，变得自卑。两者都不利于我们作出合适的职业规划。大学生在自我评估时，要兼顾长处和短处，兼顾自己的特殊才能和综合素质，看到自己身上的总体特征，又要看到自己身上的主导特征，这样才能够形成客观、全面的自我评估；反之，任何一种片面、孤立、不分主次的自我评估，都不可能全面而正确地反映自己的整体素质状况。

在进行自我评估时，必须立足客观事实，从实际出发，实事求是地评价自己。同时，还要认识到自己是一个发展的人，不仅要关注自己当下的素质，还要关注自己的未来发展，前瞻性地评价个人发展潜力和预测未来职业道路。

三、环境分析

人是一种社会存在物,我们无法脱离社会时代环境而生存,顺应时代环境方能不断发展。大学生制定职业生涯规划不仅要认清自己,还要认清环境,分析和顺应社会时代环境,顺应社会价值取向,掌握社会经济、政治、科技、文化等各方面的形势,分清"可为"与"不可为",才能够制定出可实现的职业生涯规划。

大学生要从分析家庭、社会环境和职业社会的需求出发,了解市场、行业发展趋势,认清环境为自己带来的有利与不利条件。尤其要认清政治和经济形势,以及科技和文化发展趋势,此外,职业生涯规划还会受到一些难以预测的自然、瘟疫等情况的影响。大学生必须全面分析上述因素,才可顺应社会时代环境潮流,所做的职业生涯规划方可落地。

四、确定目标

目标是行为的重要指引,在合理、合适的职业目标指引下,才能走出顺畅的职业道路。大学生应以上述步骤为依据,明确自己未来的理想职业或行业,明确职业生涯目标。既要关注自己的兴趣和追求,还要脚踏实地,关注自己的能力,以及社会现实的制约,关注社会发展需求,综合内外部因素,确定理想与现实兼顾的职业生涯目标。

在初步确定了自己的职业生涯目标之后,为了使目标具有可行性,还需制定长期目标,并将之细化为中期目标和短期目标,在一个个目标的指引下,一步一步地走在通向最终目标的道路上。大学生需结合大学教育进度,形成并调整自己的奋斗目标。

大一,探索和了解广泛的职业信息。第一,掌握本专业的就业情况。第二,积极与师长沟通,了解本专业的发展情况;第三,积极参与各类课外活动,锻炼实践能力和社交能力,开发个人潜在能力;第四,认真学习本专业的知识和技能,为未来职业发展奠定牢固的知识文化基础。

大二,基本确定未来职业发展方向。经历大一一整年的学习和了解,初步确定个人未来职业发展方向，如选择就业或是考研，根据这一方向做好学习准备。同时，要有目的、有计划地锻炼和提升个人能力以及综合素质。可以积极参与各类学生社团和学生会等，培养各方面的实用能力；积极考取各类证书，着重提升计算机、英语等实用性强的能力，广泛阅读，开阔视野、充实头脑，积极参与社会实践，逐渐提升社会适应能力。

大三，以努力和冲刺为主。此时，大学生已经明确未来是选择考研，抑或就业、出国。选择考研的大学生，应选择发展前景好的专业，自觉自主地学习和备考，深入阅读较为精深的专业书；选择出国的大学生，应关注留学考试，备战雅思、托福等考试，关注留学的相关信息；选择就业的大学生要多参与社会实践，尝试实习，和已就业的学长了解求职心得，学习求职技巧，编制个人简历。

大四，分化决定。审视和调整自己的方向，审视之前的准备并弥补不足之处，按照个人真实情况，借助学校资源，关注政府促进就业或者考研、留学相关的政策，朝着目标稳步前进。

五、职业定位

职业定位即根据个人潜能和种种条件以及外部环境，确定最匹配的职业。这要求对个人最突出的才能、最显著的性格特征、最大的兴趣，以及最优的环境条件等作出全面分析，将这些因素与各个专业的匹配度分析出来，选择与自己的性格、兴趣、特长和专业的综合匹配度最高，并且符合社会发展形势，具有良好发展前景的职业。

职业定位需关注如下几个方面：

（1）立足于客观实际情况，兼顾个人与社会、单位的关系。

（2）全面地比较和分析，分析职业的性质、对从业者的要求，比较其与个人条件的匹配度，筛选出与个人条件、特长和兴趣最为符合的，自己可以快速胜任的，发展前景良好的职业。

（3）扬长避短，关注自己的主要优势和职业的主要方面，世界上没有和自己理想完全一样的职业。

（4）关注形势变化，及时调整自己的择业观念和职业目标，不能盲目固执。

找到准确的职业定位，有助于个人职业生涯的长久发展。不少大学生毕业后找不到心仪的工作，或者在工作中非常不顺利，不是因为自己能力有限，而是因为职业不适合自己。若是不全面认清自己的条件和兴趣，不关注职业与个人条件的匹配度，就很容易在错误的方向上越走越远。我们要追求的应当是适合自己的职业，而不是那些"高薪""清闲""有面子"的职业，这样才能应对不断激化的社会竞争，不断晋升和发展。

找到准确的职业定位，方能有效、充分地利用自己的优势和资源。集中发展而非多元化发展，只有在一条路上不断前进，才更容易走到成功的彼岸。盲目涉猎太多的职业和领域，虽然掌握的知识面广，但是不够精深，缺乏竞争力。

找到准确的职业定位，方可坚定自我，从容地面对一股一股"流行风"。每段时间总会有几个热门的职业，若是一味选择热门职业，什么职业工资高，就选择什么职业，不断跳槽，到最后就会发现获得的薪酬和职位反而不如那些"一条路走到底"的人。社会形势不断变化，固然不能选择那些逐渐被淘汰和边缘化的职业，但是也不能紧盯着热门的职业，热门职业未来不一定热门，要放远目光，选择有长远发展潜力的职业。当我们职业定位准确，就能够客观面对"高薪"诱惑。

找到准确的职业定位，更容易在就业竞争中脱颖而出，更容易成为公司的重点培养对象。目前，大学生在求职时，由于职业定位不清晰，往往存在诸多问题，包括：难以作出准确的自我介绍，无法突出自己的优势，导致求职失败；或者职业定位模糊，导致公司不知如何培养自己；或者频繁换工作，难以长远发展。

找不到准确的职业定位，就像站在一条随时变向的道路上，弯弯绕绕，明明走了很长一段时间，但是直线距离却很短。职业定位是自我定位和社会定位的统一，大学生必须认清自己、了解职业，掌握两者的匹配度，方可定位准确。

（1）认清自己。认清自己的核心价值观念、动力系统、个性特点、天赋能力、缺陷等。可以采取自我剖析的方法，听取他人评价，做心理测试题等。

（2）了解职业。了解职业的工作内容和环境、工作角色，以及对从业者知识、技能、经验和性格的要求。

（3）掌握个人条件与职业要求的匹配度。全面地分析自己与职业之间的差距，权衡匹配度。世界上有千万种职业，我们的职业目标并非指向单一的职业，而是多个，这些职业的好处和坏处各异，大学生需基于自己的个人情况，认真权衡这些职业与自己的匹配度，权衡各个职业的得失，并从现实出发设置实现职业目标的方案。

个人也好、社会也好，都处于不断发展之中，定位并非固定不变，而是动态变化的。若是自己或者外部环境出现了重大变化，也要随机应变、重新定位。很多人认为定位会限制自己发展的不同可能，这种看法并不正确。我们要认识到定位不是某个固定位置，而是自己与目标之间的距离。我们可以有很多目标，但是必须认清自己与目标之间的距离，明确自己要付出多少才能实现目标。一些大学生认为定位会导致自己错过一些好的职业选择，所以以海投的方式求职，有时候甚至不知道自己发给了多少个企业，或者盲目考取各种各样的证书，认为"说不定哪天就能用上"。但是，广撒网未必能广捞鱼，反而会白费时间和精力，到头一场空。

（一）应用马斯洛层次需求理论分析职业

美国著名心理学家马斯洛提出了著名的需求层次理论，即：一个人往往具有五种需求，按照由低到高的层次为生理需求、安全需求、社交需求、尊重需求、自我实现需求。马斯洛的层次需求理论强调个人的天赋、潜能的发挥，通过社会这个大平台，最终实现自己的人生价值。

第一层次的需求是生理需求。

民以食为天。一个人的需求首先是对衣食住行的需求。天气冷了，有衣服穿；肚子饿了，有饭菜吃；人困了，有地方睡觉。一个人的生理需求是一个人的基本生存条件。只有个人的生理需求得到满足，个人才会有精力去想高一层次的需求。

第二层次的需求是安全需求。

一个人希望自己的人身不受到威胁、伤害，这是人身安全的需求。同时，一个人也希望自己不会因为失业而造成生活没有保障，缺乏安全感。所以，一个人总是希望自己有一份稳定的职业，使自己的基本生活有所保障，这是一个人心理上的安全需求。

第三层次的需求是社交需求，也有人称为归属与爱的需求。

当一个人的生理需求、安全需求都满足了，并且手头上也有余钱的时候，就有了参与社交活动的欲望。一个人希望通过社交活动，拓展自己的人脉，尤其是多认识同行业的人，展示自己的专业知识与能力，扩大自己在行业的影响力，以此来获得别人对自己的赏识和认可，寻找自己的归属感。同时，期望自己能够获得较体面的工作。

第四层次的需求是尊重的需求。

一个人通过自身努力，取得了学识、事业、家庭、人际关系、个人形象等方面的成功，对社会卓有贡献，得到了别人对自己的认可与人格尊重。这种对自我价值、社会价值、人格价值的满足就是尊重的需求，是一般人追求的层次。

第五层次的需求是自我实现的需求。

自我实现是指充分发挥自己的天赋与潜能，发挥自己的优势，将自己美好的理想变成现实；在事业上取得卓越的辉煌，成为这个领域出类拔萃的专家，甚至是这个领域的翘楚。自己在这个领域就有了发言权，有了别人无法取代和超越的地位，实现了自己人生的终极价值。这是较高层次的需求。

每个人的人生都有需求。在解决了自己的衣食住行、温饱问题之后，就有了在社会上寻找属于自己位置的需求。于是，人们便开始想获取一份适合自己的体面工作，体面地生活。但是，要想获取一个适合自己的体面职位，必须向用人单位展示自己的实力与才能，显示自己已经具有该职位所要求具备的知识、技能以及职业素养，获得用人单位对自己的赏识。

职业的内在属性是知识和技能。要从事某项职业，必须具备该职业所要求的知识、技能以及职业素质。大学期间，大学生如果能够通过职业定位，明确自己的职业目标，并围绕自己的职业目标学习相应的知识和技能，积累职业素质，那么就为自己将来的职业发展做好了准备。

（二）职业定位的前提

1. 正确处理个人与社会的关系

个人总是生活在一定的社会环境之中，个人人生价值的实现必须得到社会的认可，也必然受到一定的社会客观条件的制约。同样，社会的和谐与进步，离不开生活在这个社会环境中的每一个人的努力。

个人与社会的关系应该是一个相互协调的良性互动关系和过程。在处理个人与社会的关系问题上，东西方文化有一些差异。在东西方文化的交流和碰撞中，极端个人主义的错误观念和思潮对我国青少年产生了一些消极影响。极端个人主义过于片面强调自我价值，表现出自私自利、唯利是图、损公肥私等倾向，显示了利己主义的本质。受这些错误思潮的影响，一些大学生在思想和行为上表现出明显的个人利己性，只看重自己的个人感受和想法，而忽视社会和他人，将个人利益置于集体和国家利益之上，甚至为了追求自己的利益，违反社会规则、损害他人和集体利益，损害了人与人、人与社会的正常关系，影响了社会的和谐稳定。

大学生应当学会正确处理个人与社会的关系，要学会在集体中锻炼成长，努力增强对集体、对社会、对国家的责任感，要把个人价值的实现与社会国家利益统一起来，把自己锻炼成为有理想、有道德、有文化、有纪律的一代新人。

2. 正确处理个人与家庭的关系

家庭是个人成长和成才过程中的重要因素，是我们的情感港湾和动力之源，在职业生涯发展中具有奠基作用。家庭是第一所学校，父母是第一任教师，我们的价值观由此开始形成。个人和家庭的关系，影响着一个人的选择和观念，或多或少地反映着其对企业的认同感和归属感。

（三）克服职业定位误区

误区一：定位会使人僵化。

错误地认为定位是固定不变的，没有认识到定位的动态特征。当个人或者外界出现重大变化，职业定位也要随之变化。

误区二：定位是一个明确的目标，想太多却无法实现。

每个人的职业理想都是美好甚至梦幻的，既要薪资高，又要压力小，还想获得荣誉等。有人认为定位只是对未来职业的幻想,不如直接行动、求职。其实职业定位不是确立某个具体的目标,而是认清自己的目标的距离,只有认清距离,才能知道有没有实现的可能性,才能知道自己要付出何种努力。

误区三:定位会使人错失机会。

机会固然重要,但是不能盲目地追求机会,海投、考各种证书等的确会带来一些机会,但是这些机会未必能给我们开启一条长远的道路,反而会白白浪费时间和精力,使人走错路。获得证书很多,说明很努力,但这些证书应尽量与目标一致,对职业定位有用,而不能只是一个"考证专家"。

误区四:让旁观者给自己定位。

世界上有谁比自己更清楚自己的想法和爱好?我们可以从旁观者身上获得一些参考性意见,但是要真正地认清自己还是要用自己的"眼睛",从自己的心出发。所以,定位不能只靠旁观者,要以自我评价为主。

误区五:定位就是盲目跟风。

银行"火"了就定位去银行,公务员"火"了就定位做公务员,这些想法不一定正确。定位最重要的原则是以自己为本,从自身出发,先知己再知彼,最后再考虑这一行业的前景。虽然朝阳行业机会更多,但"行行出状元",不是只有朝阳行业才能出人才,更何况"三十年河东,三十年河西",保不准过两年朝阳行业就不景气了。

每个人都需要定位,但是各人定位的重点不同。对于大学生而言,定位的重点在于既需要认真地分析自己,又需要多了解社会需求,以求准确定位。建议毕业生可以尝试性地去做一些不同的职位,要容许自己在这方面犯小错误并有相应的心理承受能力,从实践当中去了解自己的兴趣点、核心能力和性格特点等。当然,如果一毕业就有清晰的思路,那会更好!

六、选择职业生涯路线

职业生涯路线是指一个人选定职业后选择从什么途径去实现自己的职业目标。在职业发展道路中,每个人都有适合自身发展的路径,但彼此各不相同。我们可以选择不同的行业，在同一行业里也可以选择不同的企业，在同一企业里还可以选择不同的岗位和职位。同时，在职业发展道路中还有行政管理路线和专业技术路线两种发展方向可供选择。由于发展路线互不相同，所以，规划个人职业生涯时，大学生必须有所选择，在选定的职业生涯路线或者方向上稳步前进。在选择职业生涯路线时，可以根据志向取向、能力取向和机会取向三个方面进行选择（图 2-3-1）。

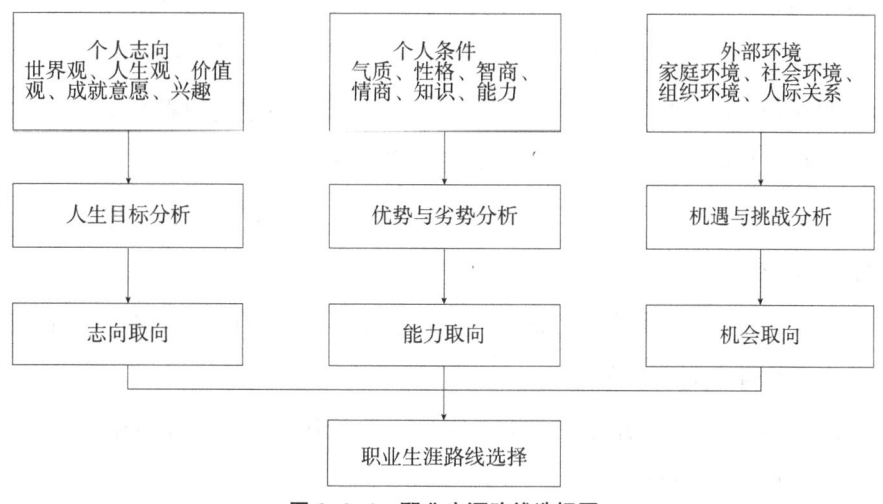

图 2-3-1　职业生涯路线选择图

七、策略筹划

正如一场战役需要确定作战方案一样，职业规划也要确定策略方案，通过具体的、可操作的策略，能够更好地实现目标。

我们可以采取丰富多样的策略，按照个人的现实情况筹划策略。这些策略主要分为三种。

（一）一步到位型

个人条件与职业目标匹配度极高，可以利用已有资源直接实现。例如，出身机电专业，有充足的知识、技术和经验，可以直接进入机电企业，实现机电技师的目标。

（二）多步趋近型

自己的条件与目标之间有一定的距离，暂时无法实现，可以先从事与之相近的职业，逐步靠近并最终实现目标。例如，想做作家，但是自己的写作能力不足，没有写作经验，可以先做作家助理或者编辑助理，积累经验，锻炼写作能力。

（三）从业期待型

自己的条件与职业目标有一定的距离，并且没有机会从事与之相近的职业，可以先选择自己可以胜任的职业，积累资本，等待机会，最终实现目标。例如，希望入职外企，但是技术和经验不足，可以入职民企，逐渐积累经验、锻炼技术能力，不断提升自己，满足外企要求后再寻求机会。

以一个应用心理学专业的学生为例，目标是成为心理咨询师，那么，应该问自己下列几个问题。

（1）在校期间需要掌握了解哪些课程和学习哪些技能？如何求得目前的老师在这方面给自己更多的帮助？

（2）需要参加哪些培训、学习、考核？取得什么样的职业资格证书才能有资格做一名心理咨询师？

（3）在成为心理咨询师的发展路上需要排除哪些来自内部和外部的障碍？需要先在哪些相近岗位上工作才能逐渐接近心理咨询师这个岗位？

（4）做一个心理咨询师需要什么样的学历？如何实现？需要什么样的实践技能？如何求得所在单位在这方面给自己以帮助？

（5）如何在所处的单位寻得有利于自己目标实现的机会？

（6）一个心理咨询师应具有怎样的经验水平和年龄层次？自己怎样做才能符合这个范围？

实际上，一个本科大学生不可能一步达到心理咨询师的学历、素质要求，如果想要立志做一名心理咨询师，就必须规划一下自己的职业发展路线。

制订切实可行的策略，是实现职业目标重要的保证。落实目标的策略应有针对性。思想道德素质、专业知识素质、综合技能素质、身体心理素质是未来职业素质的主要选项，大学生制订职业生涯规划，应瞄准这些素质标准，安排锻炼提高的具体方法。提高职业素质并非单指专业知识素质,其他三项也很重要。对大学生而言,以下措施都是行之有效的:参加学校开展的各类社团活动,在学习、交流、锻炼的平台上提高自我;参加各类实践活动,借以了解社会、体验规律;经常深入自己预选的行业一线,实地感悟岗位的要求和自己的现状,增强锻炼提高的针对性和紧迫感。可能的话,设法联系预选的单位跟班实习,提前"预热",熟悉环境,展示自我,为择业做好铺垫,不少大学生就是这样走上工作岗位的。

各项策略和措施,都应落实到具体的时段内,及时回顾、评价,持之以恒,切不可断断续续、一曝十寒,不断反思提高的过程也是一步一步走向理想工作岗位的过程。

八、职业规划的实施

千里之行,始于足下。制订的规划再好,如果不实施,也是不可能实现既定目标的。这里所说的"实施"就是将完成目标的具体措施付诸行动,对大学生来说,主要包括学习、社会实践、技能培训等。例如,具体学习哪些技能、怎样提高能力、如何开发自己的潜能等,为将来走上工作岗位,实现自己的目标奠定坚实的基础。

九、反馈与修正

每个人的人生都是不可预测的,充满了不可控因素,很多时候,我们难以落实原本的职业规划,所以,我们应当结合实际形势,修正职业规划,使之与自己和社会发展情况相适应。

反馈与修正就是我们不断认识自己和社会的活动,能够促使职业规划更具实际意义。其内容主要包括以下几个方面:

(1)自我条件重新剖析,即在实践的基础上重新认识自己、分析自己,找到自己的优势与不足。

(2)生涯机会重新评估,即结合现实的组织环境和社会、经济环境,分析自己未来发展的空间及可能性。

（3）职业生涯目标修正，即根据实际情况，重新思考与确定自己的人生与职业发展目标，使其更加切合自己的情况，更加有利于自己的发展。

（4）调整生涯发展策略，即根据新的情况和目标，重新制订和调整生涯发展策略，强化自己的优势，弥补自己的不足。

（5）积极落实新的生涯规划方案，使之进入一个新的规划、实施、反馈与修正期。

第四节　大学生职业规划书

要想在激烈的人才竞争中脱颖而出，顺利实现自己的人生目标和职业理想，就应该提早明确职业目标和奋斗方向，设计制订职业生涯规划书。职业生涯规划书是职业生涯规划的书面化呈现，包括扉页、自我评估、环境分析、职业选择、生涯策略和评估反馈等基本内容。

一、制订职业生涯规划书的意义

职业生涯规划书的制订是一个思考的过程，会对自己的特征和社会环境作出全面分析，将个人职业目标明确下来，会对为了完成规划书而要做的工作、培训、教育等作出计划。职业生涯规划书以文字的形式将大学生规划职业生涯的思路、依据、内容和结果记录了下来。职业生涯规划书是个人职业生涯成功的战略指南，对实现个人职业梦想有着非常重要的意义，主要表现在以下几个方面。

（1）帮助我们树立明确的职业生涯目标，提醒我们运用科学的方法，采取切实可行的措施。

（2）通过自我分析，可以促使我们更加注重发挥个人的专长，不断开发自我潜能。

（3）可以让我们评估并明确现有资源，了解现状与目标的差异。

（4）通过职业生涯发展策略的制订，能够有效克服职业生涯的发展阻碍。

（5）职业目标达成的过程也是个人塑造职业竞争力、不断提升职业素质的过程。

二、制订职业生涯规划书的原则

职业生涯规划书的拟定是为实现职业生涯目标服务的，在制订过程中应遵循以下原则。

（一）独特性

每个人的性格特征、知识结构、兴趣爱好、能力倾向等都有自己的特点，其家庭条件、成长经历、社会关系也都不同，因而在制订职业生涯规划时不可能找到普遍适用的路径，必须综合考虑个人各个方面的实际情况，充分发挥个人优势特长，因人而异量身定制。

（二）可行性

职业理想能否顺利实现，有赖于职业生涯的规划方案是否可行。可行性体现在两个方面：一是职业生涯目标的可行性，即目标的设定是否建立在现实条件的基础上；二是职业行动计划的可行性，即行动计划是否是自己可以做到的，是否能够根据一定标准进行考核监督验收通过的。

（三）阶段性

根据舒伯的生涯彩图可知，个人的发展具有阶段性，每个人在自己人生发展的不同阶段所承担的重点社会角色和发展任务是不同的。制订职业生涯规划书时也应该根据自己的年龄阶段设计不同的内容，以适应每个发展阶段的特点，使每个阶段都能充实度过，并逐步达成阶段性目标，从容过渡到下一个阶段目标，从而实现自己的人生目标。

（四）发展性

现代社会发展日新月异，制订职业生涯规划书也要有一定的超前性和预测性。当社会、经济、政策、市场等方面出现新变化时，需合理和及时地分析、评估个人发展情况、社会环境变化，还有其他难以控制和预测的因素，对职业生涯规划书进行调整，使之与新形势相适应，使之与个人和社会发展的趋势相符合。

（五）一致性

在调整职业生涯规划的过程中要坚守规划目标的持久性和一贯性。短期的目标有可能需要调整，但目标的调整修正应和长远的人生目标始终保持一致，使得整个规划始终围绕自己的人生目标而展开。过去、现在和未来应有内在的一致性和延续性，除非遇到不可抗力事件或未预料到的严重事件影响，一般不要对发展规划作出颠覆性的修改和调整。

三、职业生涯规划书的基本格式

（一）表格式

表格式的职业生涯规划书一般包括个人情况基本介绍、职业目标的说明、各阶段规划任务与发展策略。它是一种简约直观的职业生涯发展设计文件，有的只相当于一份完整的职业生涯规划书的计划实施方案表。这种格式的规划书更适合用作阶段任务的提示。

（二）条目式

条目式规划书包含一般职业生涯规划书的主要内容，但语言表述简单，以条目形式一一列出，缺乏详细的材料分析和评估，简单明了，规划过程的逻辑性不强。

（三）论述式

论述式规划书通常格式完整、规范，通过对自身条件、职业人士以及职业目标的定位分析来说明职业生涯规划的依据，对个人职业生涯的选择规划进行全面而详尽的分析和阐述，充分反映规划主体的内心思考过程。

第三章 大学生就业准备指导

对于大学生来说，进入大学后，主要的任务就是学习各种知识，掌握各种学习能力，提高自己的就业心理素质；而在进入求职择业的具体实际操作阶段时，大学生首先要做的就是寻找与自己职业目标相吻合或接近的就业岗位。本章共分为五节，分别对就业的知识准备、就业的心理准备、就业的求职材料准备、就业的能力准备以及就业形势与就业政策展开分析。

第一节 就业的知识准备

一、合理的知识结构

我们正处于一个知识大爆炸的时代，海量知识不断更新，各学科相互渗透，科技发展日新月异。我们无法掌握所有的知识，也无法利用固定的一部分知识处理所有的工作问题，当下的职业也并不要求从业者掌握各种知识，而是倾向于知识水平高，知识结构与社会发展和职业要求相符的，具有发展能力的从业者。

大学生终究是要走进职场的，要正确、深刻认知知识结构对于职业发展的重要性，结合社会需求，积累丰富知识，同时构建合理的知识结构，做好求职择业的知识准备。尽管大学生的知识结构没有一个固定不变的模式，但从大学生就业角度考虑，必须具有以下几个方面的知识。

（一）系统的马克思主义理论知识

高校大学生不仅要具有较高的文化素养，还应该具有系统的马克思主义理论知识，只有这样，才能成为合格的社会主义建设者和接班人，也才能在激烈的竞争中立于不败之地。

（二）宽厚的基础知识

若知识结构为树状，基础知识就是躯干和根基。基础知识是求职必备的，不管从事何种职业，都要具备宽厚的基础知识，这是我们未来职业发展的重要基石。尤其当下社会发展迅速，新的职业、行业不断涌现，旧的职业、行业随之衰落，我们很难在一个职业上工作到退休，换工作甚至换行业已经成为一种常态。即使在同一个企业，也会因为职业的晋升而换岗位。因此，大学生在毕业前，必须掌握扎实的基础知识，积极拓展自己的知识面，从而也有效地拓宽了自身的择业面，给毕业后的择业、就业创造了更多的机会。

（三）精深的专业知识

大学教育是专业教育而非通识教育，作为高级专门人才，大学生未来从事的往往是专业性强的职业，这就要求其具备精深的专业知识。它不仅是知识结构的核心，更是其作为高级专门人才的核心。一定的职业必然要求从业者具备一定范围内一定深度的专业知识和能力，要求其具备精深的专业知识，了解学科前沿信息，还要了解相邻学科的知识，能够将自己的专业与相邻学科的知识构建为一定的知识系统。现代职业需要的人才是专博相济、专深博广的人才。

除此之外，为适应现代职业的要求，大学生需具备"程度高、内容新、实用强"的知识。所谓"程度高"指的是知识的广度和数量；所谓"内容新"指的是知识结构更新跟上当下科技发展情况，了解最新的技术和知识；所谓"实用强"指的是能够将知识用于生产和工作，并发挥知识的巨大价值。我们从当下的就业市场可以看到，计算机操作技能已经成为各个职业的基础要求。同时，外语能力、公关能力、网络营销能力等也可以有效提升求职的成功率。

总之，作为知识经济时代的大学生，应不断完善自身的知识结构，广泛涉猎文史哲，在掌握自然科学和社会科学的相关知识的同时，也要具备较深的专业知识功底。如果知识面太窄，则难以适应工作的需要，如果缺乏本行业的专业知识，就无法实施具体的工作。因此，在大学学习过程中，大学生应把这两方面结合起来，努力成为复合型人才。同时，不能仅仅是对过去及现有知识的继承、积聚、掌握与应用，更要实现知识的不断更新，以适应知识经济时代的需要。

（四）广博的相关知识

大学生普遍存在着知识面窄的问题，这和高校的分学科教学有很大的关系。大学生往往在本专业领域知识丰富，非专业知识则很贫乏，而实际社会中对"通才"的需要却远远大于对"专才"的需要。作为一名大学生，应该利用在校学习的时间，不断完善自身的知识结构。

二、大学生如何做好知识准备

（一）正确认识、科学评价自我

大学生要根据自身的情况、所学专业的特点做好职业目标的知识准备，并依此确定自己知识结构的类型。建立科学合理知识结构的前提是正确认识自我。大学生必须明白自身的优势和不足，认识到优化知识结构的必要性以及选择合理知识结构的优化模式。而且，即使选择了优化模式，但如果自身并不努力，也不能获得合理的知识结构。

（二）以兴趣为基础，以专业为导向

一个人知识结构的建立必须考虑知识结构与目标方向之间的协调性，必须考虑社会的需求和自己的兴趣爱好。一方面，大学生要充分认识到所学的知识和技能对社会、自身的重要作用，从而产生强烈的学习兴趣；另一方面，大学生应根据社会需求，结合个人具体情况，明确在不同学习阶段和不同课程中的任务，并以取得的阶段性成果来激励自己。根据拟定的知识结构，将自身的知识结构按整体性要求以及层次进行优化组合，并构建出一种适于自己的知识结构雏形。例如，技术型、操作型、经营型、管理型和科研型等。知识学习要循序渐进，并对所学知识不断加工整理。

(三)遵守知识体系的基本规则

大学生在学习活动中必须遵守由易到难、由浅入深、由简到繁、由近到远的基本规则,必须学好基础理论知识,必须按照教学计划规定的课程顺序系统地进行学习。另外,大学生必须经常自觉地把课内外所学到的知识进行加工整理,认真观察各种客观事物和现象,掌握并运用分析与综合、归纳与演绎、抽象与概括等科学思维方法,使知识融会贯通,形成完整统一的知识系统。

(四)运用好学习工具

适应择业需求,优化知识结构,对大学生来说,就必须在注重学习的同时,有效利用图书、网络和社会实践等学校资源。大学生可以结合自身特长爱好,运用好学习工具,努力拓展自身素质,开阔眼界、活跃思想、触类旁通,全面提升个人综合文化素质。

第二节 就业的心理准备

大学生不仅要学习科学文化知识,掌握专业技能,具有强健的体魄和良好的思想道德素质,还应该具备良好的心理素质。对毕业生来说,调整择业心态,做好充分的心理准备,勇敢地迎接挑战,在择业过程中是非常重要的。

一、大学生必须做好的心理准备

大学生在校期间就应做好以下几个方面的心理准备。

(一)竞争的心理

达尔文的生物进化论提出,适者生存。同样,"适者生存"这一法则也适用于当今社会的就业市场。竞争是人类的一种本能,在知识和技能不断激增和强化的今天,优胜劣汰的市场环境让这种本能变成了人们必须具备的一种能力素质。

因此,要成为一名合格的现代化人才,就必须具备竞争心理、竞争能力,并具有积极参与竞争的行动。只有这样,才能在人才膨胀的现今社会取得进步。

（二）合作与宽容的心理

社会并不是一个人的社会，而是由许多人组成的一个大团体。要想在这个社会中生存，合作与宽容是同等重要的。每个大学生都应该明白，一个宽容的集体一定会是一个团结向上的集体，到处充满矛盾与战火的团体肯定会最终一事无成。在工作和生活中，可能会遇到这样或那样的事情，大学生一定要做好合作与宽容的心理准备，以良好的心态来演绎美好生活。

（三）长远发展的心理

高校毕业生在求职的时候，应该对未来有很好的认识，把握未来的发展方向。首先做好长远发展的心理准备和自己的职业生涯规划，然后再择业、就业。只有对自己的未来有长远的规划，在心里有目标、有方向，才能在工作和生活中不骄不躁，脚踏实地地走好每一步。

（四）承受挫折的心理

每个人在从事有目的的活动或工作时，都可能会遇到各种各样的障碍和挫折，这时所表现出来的心理情绪反应被称为挫折心理。大学生要具备良好的心理素质，在遇到困难和障碍时，不要消极地面对，而是要认真地反思，找出问题的所在，积极地去解决问题，避免引起内心世界的严重扭曲。当用充满自信的心理去面对困难，脚踏实地地去行走人生旅程时，一定能够克服人生中任何一次挫折，走好自己的人生路。

（五）放弃从众的心理

人云亦云，随大流，没有自己的主见，这是从众的典型特征。这种从众心理的形成可能是因为社会或群体的压力，而迫使个人放弃了自己的意见去采取顺从行为，也可能是因为个人本身就没有自己的打算和长远的人生目标，而只能跟随众人的脚步，随波逐流。但是不管原因如何，高校毕业生在面对择业问题时，都不应该具有这种消极的心理，而应该具有很强的独立思考能力和分析问题的能力，要学会独立解决问题，力求摆脱从众的心理束缚。

（六）丢掉嫉妒的心理

嫉妒心理是指当别人的品质、才能、成就等方面高于自己时所产生的那种迫切想要贬低别人的心理倾向。这种心理是非常不可取的，是求职择业和人才成长的大敌。作为现代青年，要具有向嫉妒告别，驱除私念的决心，拥有开阔的心胸和视野，在竞争中学习别人的长处，努力使自己进步，给双方一个公平的竞争平台，不可让嫉妒冲昏头脑，害人害己。

（七）摒弃虚荣的心理

虚荣心是一种很不健康的心理状态，它会妨碍求职的成功。因为，如果虚荣心过强，求职者在求职过程中就会将注意力集中在社会知名度高的职位上。他们选择职业并不是从自身的优势出发，围绕自己的爱好专长来展开的而是为了满足自己的虚荣心。这种求职心态非常不正常，对于个人以后的发展也是有害的。

其实，大学生在选择职业时，不是在为别人选择，而是在为自己选择。选择职业要从自身实际出发，摒弃虚荣心，找到属于自己的理想职业。

（八）避免攀比的心理

为了共同的目标，适度的竞争是无可厚非的，但如果演变成彼此攀比就不可取了。因为如果事事都想与人攀比、争胜，势必会使攀比者本身显得缺乏主见。在求职过程中，攀比心理会造成注意力过多集中到他人的就业取向上，而忽略自己的实际能力和工作取向，很容易放弃适合自己的工作，而跑去与别人争过独木桥，当然就难免失意了。

（九）抑制怯懦的心理

怯懦是一个人缺乏自信的心理表现。大学生接触社会的机会较少，对实践技能的了解也非常有限，因此，在与用人单位见面的时候，经常会出现面红耳赤、手足无措、语无伦次的现象。自己辛辛苦苦准备的"台词"一时间都抛到了脑后，这对正常水平的发挥非常不利。因此，毕业生在步入社会时，必须克服怯懦心理，并且要学会用意念控制自己的情绪，暗示自己要镇静，不要胡思乱想等，告诉自己一定能成功。

（十）克服自卑的心理

自卑是自我评价过低的一种心理表现。自卑的人通常缺乏自信，缺乏勇气，自我意识里总认为自己不如别人，遇事退让，不敢竞争。他们对前途感到迷茫，对社会上的竞争感到惧怕。一般情况下，自我意识不健全、性格内向或生理有缺陷的毕业生会表现出自卑倾向。这类人尤其要克服自卑心理，要相信自己的能力、水平，不要面对问题时就对自己产生怀疑，只有这样才能很好地参与正常的社会竞争。

二、大学生就业心理问题的成因

大学毕业生择业心理问题产生的原因可以归结为社会、学校和个人等三个方面的影响。

（一）社会方面的影响

1. 社会就业岗位竞争的巨大压力

目前，就业市场整体上呈现出就业人数激增与就业市场需求不平衡的态势。毕业生的增幅明显高于社会需求的增幅。毕业生的就业难度逐年加大，待就业毕业生人数持续上升。在这样的形势下，毕业生要想找到理想的工作，就必须面对激烈的竞争，而这种激烈的竞争所带来的压力也势必对毕业生的心理产生巨大影响。

2. 就业政策和人事用人制度的不完善

中国社会目前正处于转型时期，就业政策难免存在一些弊端。例如，用人制度上的区域分割、户籍制度和社会保障制度的不完善、不公平竞争的存在、性别歧视等。面对上述各种制度的不完善和社会弊端，毕业生难免心理失衡。

（二）学校方面的影响

1. 片面追求智育

中国的教育一直提倡德、智、体、美、劳全面发展，用人单位在招聘人才时也同样对这几个方面有着严格要求。但是部分学校在教育学生的时候却片面追求智育而忽略学生的全面发展，因而导致学生动手能力较差。在择业过程中，大学毕业生一旦发现自己所学的知识和培养的能力与现实社会的需求标准存在很大的差距，就难免会产生自卑、怀疑等不良的择业心态。

2. 心理咨询工作没有做到位

中国高校学生普遍存在心理咨询和心理指导缺失现象，甚至一些高校根本没有相应的专业心理咨询机构和人员。这导致学生在择业遇到困难时，不能得到及时的心理疏导和调适。

3. 就业指导工作不够完善

当下的高校就业指导非常单一，基本上为思想教育和政策介绍，未能有效培养学生的求职能力，难以对学生的成功就业提供充分的、实用的指导。这对大学毕业生的择业心理也会形成一定的负面影响。

（三）学生自身的影响

很多学生过惯了学校生活，即使临近毕业了，仍然没有做好就业的心理准备，想当然地认为凭借学历、文凭找个工作应该没有多大的问题，然而，大部分学生缺少兼职经历，不了解职业的工作内容，也不清楚人才市场的需求，更没有工作经验，因而难以适应竞争激烈的就业形势。

基于上述影响所造成的大学毕业生择业心理问题，社会方面应该完善相关的制度、法律法规；学校则应该在注重培养学生智育的同时，强调学生全面发展，并且完善学校的就业指导工作及心理健康教育，更好地为大学毕业生择业服务；学生个人也应该树立正确的人生观、价值观，树立正确的择业心态，积极应对竞争日益激烈的就业问题。

三、大学生就业心理的调适

（一）注意力转移

辅导员、就业指导教师等学生工作者应当引导求职不顺的学生，或者学生自己有意识地将注意力从一时的困境转移到一些积极健康的活动之中，避免沉浸在失败中难以自拔，甚至自卑或恐惧求职。例如，组织各种形式的联谊活动，聘请心理辅导专家带领学生作放松训练等，帮助学生走出求职不顺的阴霾，消除其不良情绪。学校也可以依托心理咨询机构，针对心理问题严重的学生单独辅导，帮助学生走出心理障碍，成功走向社会。

（二）积极暗示

大学生应当进行积极的心理暗示，告诉自己一定能求职成功。当遭遇失败或其他困境时，人的潜意识会以一种极端的借口，即消极断言来自我开脱。例如，求职失败的学生很容易认为自己最终找不到工作。消极断言会增加学生的心理压力，影响其求职表现，进而使之求职受挫，形成恶性循环。学生工作者应当给学生积极的心理暗示，充分鼓励学生，缓解其心理压力。学生也要积极地自我暗示，坚信求职信心。

（三）情绪宣泄

求职本就会给学生带来紧张、恐惧等情绪，求职过程中的挫折更会导致学生沮丧、失落、压力大，大学生应当以合理的方式将这些负面情绪和心理压力宣泄出来，如可以自我解嘲，在日记里倾诉，和朋友、师长倾诉。辅导员要耐心与学生沟通，安慰学生，或引导其以健康的活动如锻炼等宣泄情绪。

（四）自我安慰

当下就业形势严峻，遇到求职困难是很常见的，大学生要学会自我安慰，说服自己，调整心理状态，接受现实。这种方法也可以帮助学生树立自信心。

（五）自我激励

紧张、恐惧、自卑等是常见的求职心态，大学生要学会自我激励，鼓起勇气，增强求职自信，相信自己必定可以求职成功。

（六）培养风险意识

学校要在毕业季组织各种心理辅导活动，为求职不顺的学生提供心理辅导，坚持预防为主、防治结合，培养他们的风险意识，强化他们的承受挫折的能力。

第一，要引导大学生正确认识就业形势，理性看待求职挫折。第二，磨炼学生坚强意志。组织各种形式的实践活动，带领学生品尝成功和失败，磨炼其心理素质和坚强的意志。第三，引导学生自我教育。开展多样化的理论讲座、实践活动等，强化学生的理性思维，增强其风险意识和心理素质，使之从容面对求职困难。

（七）求职技能训练

学校不仅要传授学生专业知识，还要开展求职技能训练，如沟通技能训练、简历制作教学、心理调适技能训练、择业技能训练、面试技巧训练等。同时，学校还应积极与企业合作，为毕业生提供实习机会和参观企业的机会，积极与政府部门、社会机构合作，组织学生参与各种社会实践活动，引导学生了解和体会职业工作，了解就业形势，避免学生胡思乱想，提升其求职技能。

除了以上方法，还有很多其他的心理调适方法。学校应当将心理咨询教师纳入就业指导师资队伍，针对学生的具体问题，选择合适的方法，并且通过这些方法，引导大学生构建正确的择业、就业观念，坚定就业自信，形成积极乐观、不惧困难、迎难而上的心态。

四、培养健康的就业心理素质

健康的心理素质是大学生素质要求的重要方面，是大学生正常生活、学习和工作的基本保证。在当前社会处于多变革、快节奏、高信息、强竞争的情况下，积极引导大学生提高心理素质，掌握心理调适方法，优化心理健康途径，预防心理疾病，促进身心健康，是学校的一个重要目标，也是大学生自身修养的重要内容。健康就业心理素质的培养并不仅仅是学生个人的事情，这项工作的完成需要社会、学校以及个人三方面的共同努力。

（一）社会方面的工作

1. 完善相关的就业制度法规

目前，虽然我国出台了一系列政策和措施规范大学毕业生就业市场，并逐步完善就业法规，但仍有一些问题尚未解决。所以，还需进一步强化和深化就业市场建设，优化就业市场机制，使之规范化发展；同时，借助互联网、行业协会的力量，拓宽就业渠道，整合求职信息，引导毕业生有序就业，缓解"毕业即失业"问题；针对具体问题，有目的、有计划地制定相关政策，进一步健全就业法规体系，推动就业法制化，完善社会保障体系，为毕业生解决后顾之忧，缓解毕业生的心理压力。

2. 进一步深化教育体制改革，加强素质教育

教育体制的改革应该是全面推进素质教育，使大学生能够在德、智、体、美、劳等各个方面全面发展。此外，也要深化教育观念改革，整合教育资源，加强课程融合，拓宽专业口径，加强创新创业教育，着重培养大学生的科研和实践能力。

3. 消除性别歧视

政府部门需积极履行职责，及时出台就业法规，进一步健全大学生就业法规体系。要以法律法规消除性别歧视，保障男大学生和女大学生平等就业，尤其保障女大学生的平等竞争和就业权利，为其创造公平公正的就业环境。政府应指导学校正视就业市场上的性别歧视现象，加强对女大学生的就业指导与求职技巧训练，积极与学校沟通，整合就业信息，辅助学校开展校园招聘会，为女大学生提供更多就业机会。

（二）学校方面的工作

1. 开设心理课程，加强心理健康教育

心理健康教育是高校教育体系的重要内容，是推进素质教育不可缺少的一种教育。高校需按照每个年级的具体学习、生活情况，以及突出的心理问题，开设针对性的心理卫生保健课程，构建心理教育课程体系，引导学生学会心理卫生知识和心理调适技能，培养其良好的心理品质。还应当发挥第二课堂的作用，组织不同主题的心理健康讲座和咨询活动，并且借助各种宣传渠道，为学生推送心理学知识，塑造学生强大的内心世界。

2. 构建心理防护体系，强化心理辅导

学校不能将大学生心理健康教育等同于心理健康课程和心理咨询，要认识到

这是一个复杂的系统，除了心理健康课程教师和心理咨询师，其他教师和学生工作者也要积极参与其中，实现班级—院系—学校的联合，共同构建心理防护体系。在班级一层中，与学生联系最紧密的为心理保健员、心理健康咨询员，他们需关注班内每个学生的心理状态，多和他们交流，形成紧密的师生关系，从而更好地疏导和调适学生的不良情绪；此外，也要配合学校的心理健康知识宣传工作。中间的院系一层为辅导员、学科专业教师，要对每个班级的心理健康工作进行全面的组织和安排，管理好院系内的心理健康教育和咨询工作。最高的学校一层为校领导、教务处心理咨询中心、心理健康协会，不仅要对心理健康教育进行全面统筹，还要组织相关人员的培训工作，如邀请校外的心理学专家进校培训，定期组织心理辅导员和咨询师开展交流会，以便共同解决现实中学生的心理问题和心理防护的难点，全面提升心理健康教育工作者的专业能力。

（三）毕业生自身应该做到的工作

1. 转变自身择业观念

大学毕业生不能好高骛远、眼高手低，要认清现实，脚踏实地地择业，准备好从事基层岗位。所以，大学毕业生要转变自身择业观念，不能一切向"钱"看，盲目追求高薪工作，非"高枝"不肯"栖"，要认清就业形势和社会要求，形成为基层和经济落后地区服务的就业观，理性看待待业情况，构建创业观和终身教育观。

2. 提高自身的心理承受能力

大学毕业生求职经历少，很难一次性求职成功，免不了遇到挫折，甚至有时会连续被多家企业拒绝。有调查显示，有的大学生毕业季投出上百份简历，但获得的面试机会却寥寥无几。可见，被招聘单位拒绝是一种常态。大学生要看淡失败，直面挫折，不能失败一次就认为自己一无是处，或者过于忧虑自己找不到工作。而应当正确、理性地看待自己的失败，回顾和复盘简历内容和面试过程，分析失败原因，是选择的职业不适合自己？还是简历和面试没有突出自己的优势？要将失败视为下一次成功的资本，将其视为锻炼心理品质的机会，自觉开导自己，自觉提升心理承受能力。要树立就业自信，从失败中汲取经验，在挫折中寻找机会。

第三节　就业的求职材料准备

一、个人简历

简历在我们求职的过程中起着举足轻重的作用，简历的撰写是要有针对性的，即根据公司招聘的条件和要求突出自己的"卖点"，这样才能增加求职的成功率。简历就是求职者介绍自己、推销自己的工具，是通向面试的第一步。它对应聘者是否能通过第一关而进入面试起了决定性的作用。在用人单位面前，竞争从简历开始。

（一）简历的主要内容

个人简历应当囊括个人学习、工作经历、成绩、特长和优势等。一份条理清晰、突出优势的简历是就业成功的重要帮助。个人简历是求职者与招聘单位见的第一面，决定了求职者能否得到面试机会，所以，必须写好个人简历。

个人简历是对求职者个人概况、受教育情况、经历、知识、技能等方面的简要总结。撰写个人简历的目的是将应聘者的个人情况用最简练的文字展现在招聘者面前，让用人单位对应聘者有一个简要、清晰的总体了解，初步判断应聘者是否有可能适合本单位和所招聘的具体工作岗位。

个人简历形式多样，但是万变不离其宗，需要包含如下七个基本要素。

1. 个人基本情况

个人简历中，应聘者在介绍自己的个人基本情况时，可以调整表达方式，突出自己的优势，但是必须包含信息姓名、性别、出生年月、家庭住址、生源地、政治面貌、健康状况、联系方式（电话号码和 E-mail 地址）、担任职务等信息。

2. 求职意向

描述自己期待的行业、岗位以及地域等，应当从招聘要求出发来写，而不是只关注个人想法。

3. 教育背景

通常写出最高教育经历即可，即毕业院校、专业和学历水平，可以结合工作要求简单有条理地罗列所学课程，而不是一股脑儿地全部堆在简历上。如果觉得自己的学习成绩不错的话，还可以在列出的课程后面填上成绩，也可以写上外语和计算机水平。

4. 本人经历

大学生基本没有正式工作过，然而也不是完全封闭在学校，很多大学生都有兼职和实习经历，以及参与了社团、学生会等。个人简历中应当有重点地描述自己的上述经历，展现自己的特长和能力，尤其是要突出自己与岗位要求相符之处。例如，管理岗位要求从业者有良好的沟通和组织能力，那么简历中就可以重点说明自己曾组织过哪些活动，或者在社团、学生会负责过相关工作。

5. 所获奖项

这指的就是在学习和工作期间的获奖情况。大学生主要填写自己在校期间所获奖励。注意，不可将所有奖励罗列出来，而是要罗列能够体现自己符合招聘要求的、展现个人优势的奖励。

6. 专长

写简历时要结合岗位要求和工作性质，说明自己的专长，既可以是专业方面的，也可以业余兴趣方面的，使招聘单位看到自己与岗位匹配之处，合适的专长对工作有一定的帮助。举个例子，企业在招聘运营人员时，会优先选择有"网感"、有网红账号的求职者，若是招聘游戏运营，还会优先选择喜欢和擅长玩游戏的求职者。总之，专长代表着优势，并且专长不必非是专业技能，还可以与"吃喝玩乐"有关，只要与岗位匹配就可以写到简历中。每个人都有自己的长处和特点，写简历之前要花较多的时间认真总结自己的专长，用以增加自己的求职砝码。

7. 自我评价

结合职业性质和岗位要求，详细得当地写出自己的个性和品质，不必全部罗列，甚至可以写一些"缺点"，只要与岗位匹配即可。

（二）简历的形式

1. 完全表格式简历

这一类型的简历是以表格的方式将求职者准备的多种资料清晰地展现出来，

容易阅读，易于捕捉各种信息。大学生基本没有工作经验，没有太多的经历需要详细描述，适合使用完全表格式简历，只要将专业、课程、社会实践、爱好、兼职经历、证书等资料填入表格即可。

2. 半文章式简历

这一类型的简历中不需要过多的表格，而是表格与文字资料结合，文字资料可以充分地展现求职者的工作经验，展现求职者的优势。工作或者科研经验多的求职者可以使用半文章式简历，将经验浓缩为表格难以将经验丰富的优势突显出来，文字资料所占篇幅更多，会给招聘单位留下更深刻的印象。

3. 小册子式简历

这一类型的简历活页的小册子，页数一般为4页、8页，也可以多达20页，内容形式上为半文章式，也就是文字为主，表格为辅。小册子式简历的优势主要为：可以方便地展示更多的信息；可以专门将封面设计为使人印象深刻的求职信。不过这种简历的设计性较强、制作难度较高，需要求职者使用多种专业技能，所以比较少见。

4. 提要式（节略式）简历

这一类型的简历是详细简历的摘要，求职者需先制作一个内容更加丰富的简历，将自己的种种条件、经历等描述出来，一般为2—3页，将之浓缩为几个要点，从而制作成提要式简历，就像论文的摘要之于正文，以此为常用简历，当招聘单位要求提供更详细的信息时，再提交详细简历。

5. 按年月顺序（时间顺序）式简历

按照时间顺序排列信息的简历。这种简历并非从小到大地罗列经历，恰恰相反，其以倒序的方式来组织，先写最近的经历和成就，如在教育经历上先写大学或者研究生、博士的毕业院校，再写中学、小学；在工作经历上先写最近从事的工作和获得的成就，一直倒推。求职者可以将其制作成表格，也可以是纯文字，或者发挥创造性。

6. 功能式简历

以功能的重心制作简历，完全不考虑时间顺序，可以使招聘单位对求职者的成就印象深刻，但是也使招聘单位自己花时间整理这些成就的时间。当时间顺序难以展示自己的优势，如有较长的待业时间（国内企业比较介意这一点），最近一份工作与岗位无关等，就可以制作功能式简历，否则时间顺序式简历对求职更有利。

7. 创造式简历

应聘创意性、创造类职业（如设计类职业），求职者可以不选择上述形式，而是发挥自己的想象力和创造力，制作新奇、有创意的简历，但其内容要突出自己与岗位的相符之处，罗列必要的内容。要注意的是这种简历不适合银行业、制造业等传统行业。

（三）如何撰写简历

简历一方面要真实地反映出自己的情况；另一方面要对用人单位寻找的人选条件做出机敏的反应。

1. 撰写简历中常见的问题

（1）篇幅过长或过短

篇幅过长，显得内容不精练，表达不切题意，会让挑选简历的人失去耐心，从而失去面试机会；篇幅过短，缺乏必要的信息，使挑选简历的人对求职者认识不全面，也会影响面试机会。

（2）条理不清

简历版面布局不合理（如版面过于压缩，将行距与段落之间压缩得太密，字体太小等），结构层次混乱，逻辑重复，会使阅读与理解困难。

（3）目标不明

没有明确的求职方向，也没有表明自己的特长、兴趣爱好等。

（4）不切实际

对自己的评价和介绍明显不合实际，太完美无缺，让阅读者产生怀疑。

（5）千篇一律

简单套用网上的简历模板，导致写出的简历与其他人的一模一样，给招聘方一种随便、平庸的感觉；同时，用一份简历应聘所有的工作，是一种盲目求职、对自己不负责任的表现。应该有针对性地撰写简历，最好根据求职的意向撰写出几类简历，有针对性地投送。

（6）错别字及语法错误

尽可能不要出现错别字或语法上的错误，容易给阅读者留下先入为主的印象，会让阅读者认为该求职者不够严谨。

2. 撰写简历时应注意的事项

（1）简短

简历之"简"字指的就是简短，一方面简历整体应当简短，一般为一页 A4 纸；另一方面简历中的各部分内容也要简短，不可长篇大论，需为句段式。

（2）清晰

简历的格式要足够清晰，重要信息一目了然；语言要简单，易于观看者理解，不必使用过于文艺或者高深的语言；避免使用缩略语或者网络流行语言（新媒体运营、网络营销等方面的职业可以适当使用网络热词）；选择合适的字体和字号。

（3）整洁

注重简历版面的选择和设计，做到版面干净、整洁、赏心悦目，给招聘单位留下较好的第一印象，吸引其继续阅读简历的内容。

（4）真实

简历必须真实，不能夸大自己的经历，也不刻意过分谦虚，要合理地评价自己，客观地描述自己的经历，尤其不能编造虚假经历。可以有策略地展现自己的优势，但是虚假、抄袭的内容，别人一看即知，这不仅是投机取巧，更是一种人品问题。

（5）正确

制作简历时，要使用正确的文字、语法和标点符号等，避免错字、语病，还要将其正确地打印出来。简历是个人形象的展示，是求职者和招聘单位的第一次"见面"，很大程度上决定着求职者能否进入面试环节，简历质量将直接影响简历阅读者对求职者的印象。

（四）简历的投送

大学生求职投送简历要有的放矢，"普遍撒网，重点捞鱼"的心态和做法是不可取的，不仅浪费时间、精力和资源，而且收获甚微。应该根据自己的定位在选定的行业里，选择不同层次、不同类型的企业申请相关的职位。

1. 简历的投送方式

简历的投送方式主要分为三种：本人直接送达、快件或信函投寄、利用网络投送等。三种方式各有利弊，目前最常用的简历投送方式为利用网络投送。

（1）本人直接送达

要按照招聘单位指定的时间将自己的求职材料直接送达给招聘者。此种方式本人能够有与招聘者初次面谈的机会，表达自己选择用人单位的强烈意愿，为自己在众多求职者中脱颖而出创造一个便利的机会。

（2）快件或信函投寄

按照指定的时间、地点将自己的个人简历用信函或快件投寄到招聘单位。要在信函或快件的封面上注明应聘字样和应聘职位，字迹要书写得工整、清楚。

（3）利用网络投送

这种方式是当前主要的应聘材料送达形式之一。招聘者通过电子信箱直接看到应聘简历，并将符合公司要求的遴选出来。这种方式省时省力，节约招聘成本。应聘人最好选择在早上 8 点招聘者上班之前或下午 4 点招聘人员下班之前将自己的简历和求职信发送到用人单位指定的电子信箱，并注意不要用附件形式发送简历。

2. 简历投送的技巧

求职场景：

求职者："您好！我想应聘贵公司某某职位，这是我的简历。"

用人单位："先放在这里吧，合适的话再跟你联系。"

上述情景，相信每个有求职经历的毕业生都不陌生。一次次满怀希望送出去的简历，有几份会被顺利地送到 HR 的眼皮底下，有几次能实实在在地发挥效用、带来机会？所以，要有技巧地投送简历，保证其有效性，以免白费时间和精力。

大学生在投递简历时往往会犯三个错误：第一，盲目崇拜一些大企业和热门职业。很多大学生都梦想着进入世界 500 强等著名企业，认为在这样的企业任职更有面子，更有前途。甚至有部分大学生只关注招聘方是不是大企业，就盲目投递简历，忽视了自己与其要求是否符合。人人都想去大企业，大企业的岗位更抢手，其要求也更高，竞争更加激烈，很多时候并非最佳选择。第二，缺乏明确的求职目标，撒大网未必能捞到鱼。部分大学生对各种职业不了解，没有认清自己，只要与自己的专业或者爱好有关的岗位就投递简历，这种尝试性的心理和盲目的行为难以带来好的结果。第三，缺少信息，不了解招聘单位的情况、岗位工作内容和要求，胡乱投递简历。大学生社会经验不足，对于很多职业完全不了解，不认真阅读招聘说明，也不在网络上或者向师长、朋友收集信息，最后往往一无所得。

应聘的第一步就是投送简历，其对求职者能否获得面试机会，乃至工作机会有很大的影响。目前大学生求职主要有三种渠道：招聘会、平面媒体以及网络。大学生需掌握不同渠道的求职技巧，根据渠道合理调整求职策略。

（1）招聘会：与招聘人员沟通，获取更多信息

招聘会上汇集了大量的招聘单位，大学生不仅有更多的选择机会，还能够面对面地和招聘单位交流，可以获得更多的信息，如岗位工作内容、要求、待遇，以及企业各方面的信息等，然后再根据招聘的条件把自己的特点和优势介绍给招聘者，让招聘人员在人山人海的简历中对自己留下印象，这样就迈出了成功的第一步。

（2）平面媒体：邮寄简历注意方法

平面媒体也就是报纸、杂志等传统媒体，相比网络，其信息更加真实有效，但是较为庞杂。大学生需要提前做好信息处理工作，筛选出其中有用的信息，找到适合自己的工作。对于这一渠道上的招聘，要尽快投递简历，尤其要说明应聘岗位，如邮寄信件要在信封上标注，使用电子邮件则要在标题上点明，以免被当作垃圾邮件。

（3）网络：在信息的筛选、过滤上下功夫

现在网络已经成为招聘和求职的主要渠道，BOSS直聘、智联招聘等求职平台上有大量的招聘信息，尽管这些平台有一定的审核机制，也难以完全杜绝虚假信息。大学生在利用求职平台时，要注意过滤和筛选信息，识别虚假信息。此外，很多政府官方网络平台，如省或市人力资源和社会保障局开发的人才网，

以及一些企业的官网、微信、微博等宣传平台等，也会发布招聘信息。这类信息真实性有保障，但是未必有合适的职位。总之，网络招聘信息庞杂、真假混杂，投送简历前要做好过滤和筛选工作，尤其要关注信息发布时间，筛除失效信息。

以合理的方式制作简历，多渠道收集和筛选招聘信息，选定职位后，以合适的技巧投递简历，尤其要关注招聘单位的要求，这样将会较为顺利地进入筛选程序。

二、求职信

求职信与简历不同，是直接向用人单位，针对某一职位，自我推荐的书面材料，其中要介绍自己的个人信息，以合理的方式推销自己，并提出自己对于用人单位发展的看法，和自己的未来规划，需对个人信息中与所求职位契合之处进行重点介绍，这样才是有效的求职信。求职信可以很大程度上反映一个人的思路和表达能力，招聘单位能够从中看出求职者的沟通能力和性格。

（一）求职信的书写格式

求职信的核心是自我推荐，制作求职信要按照为什么推荐自己，凭什么自我推荐以及如何推荐自己的框架来思考和设计。求职信的书写格式包含五部分：标题、称呼、正文、结尾和落款，与一般的书信没有格式上的区别。

1. 标题

求职信的标题必须简洁、醒目和端正。可以用较大的字直接在信封上或者信件的顶端居中写上"求职信"三个字，要注意字迹美观。

2. 称呼

称呼即对收信者或者收信单位的称呼，口吻要尊敬，比普通书信更加正规，向民企、外企的人力资源部求职，要以"尊敬的XX经理"为称呼；向科研院所或高校人事部求职，要以"尊敬的XX教授（老师）"为称呼。

3. 正文

正文作为主要和核心，形式和内容上非常灵活和多样。为了成功求职，必须精心写作，并且细心分析和调整措辞与文字风格。一般来说，正文需包含如下内容。

首先，简单的自我介绍。大学生要在正文开始处简单说明毕业院校、学历、专业等信息。

其次，简单写出求职信息来源。大学生可以接着自我介绍写出从何处看到求职信息，这样能够从个人信息介绍自然地转入求职介绍，这部分内容要简短，如"本人在贵公司网站上看到招聘信息，所以投信自荐"。

然后，点出应聘职位。必须在正文前几句话中说明求职信要求的是哪个职位，如"本人特应聘新媒体运营职位"或者"自信可胜任新媒体运营职位"。

再次，有重点地说出自己的优势。这是正文的主要内容，也是整个信件的关键。要根据职位要求说明本人在专业知识、个人性格、能力和工作经验上可胜任工作之处，还可以介绍自己以往获得的相关的成绩等。总之，要围绕着"我适合这一职位、我有能力胜任这一职位"来安排，全面地写出自己与职位的匹配之处。尤其要注意，不能简单地罗列曾经的成绩和经验，要写出自己的特定优势，即为什么这个职位要选择自己。要避免落入俗话和套话。不可写一些与职位要求无关的内容，更不可能写不符合要求甚至与之相反的内容。

最后，暗示自己的发展潜力。除了介绍自己目前的能力，还要介绍自己未来有良好的发展前途，有巨大的发展潜力，未来能够在企业上升期发挥更大的作用。例如，可以通过介绍自己曾在学生会担任会长，组织过哪些活动，暗示自己的管理才能。

4. 结尾

求职信的结尾要囊括两部分内容，一个是期待回复，如"期待您的回复""盼望您的好消息""希望他日与您面谈"等；另一个是祝福语，如"祝您工作顺利、事事顺心""祝贵企业事业蒸蒸日上"。也可以直接用"此致敬礼"。

5. 落款

落款是求职信的最后一部分，要署名并写出日期。署名可以呼应"称呼"，即当"称呼"为"某某老师"，署名为"学生某某"，或者写上自己的全名。尤其不可忽视一点，求职信可以是手写也可以是打印，署名必须手写，这样可以显示自己的重视和尊敬。此外，在署名下另起一行写出日期，还要写上有效的联系方式。

（二）撰写求职信的禁忌

一般来说，撰写求职信有六大禁忌，大学毕业生书写求职信时一定要注意。

1. 忌长篇大论

用人单位不会花很长时间来阅读求职信，篇幅太长会使用人单位产生厌烦心理，甚至认为求职者的概括能力不强。因此，求职信的内容应以简洁为原则，尽量在一页纸内完成。

2. 忌堆砌辞藻

即使自己满腹经纶，也不要幻想用华丽的辞藻来打动招聘者。华而不实的语言属于大话、空话、套话，并没有实际的作用。那种虽无豪言壮语，但读起来亲切、自然、实实在在的求职信却能给用人单位留下深刻的印象。

3. 忌夸大其词

在措辞方面要留有余地，不要说得过于饱和。如"我能适应各种工作""我将会给贵单位带来新的生机"之类的表述，只能给用人单位留下刚出校门、还很幼稚的印象。

4. 忌缺乏自信

适度的谦虚是一种美德，也会使对方产生好感，但过分的谦虚则是不自信的表现。在写求职信时忌用"虽然我资历不够""虽然我不是名校的毕业生"等语句，因为用人单位关心的是能否符合招聘岗位的要求。

5. 忌千篇一律

撰写求职信时要有自己的风格与特点，不能千篇一律、落入俗套。立意新颖、语言独特以及思考多元化的求职信才能给对方造成强烈的印象，引起招聘者的注意，并进而挑起招聘者的兴趣，使自己赢得面试的机会。因此，一定要把自己的强项写出来，将自己的"亮点"展示出来。

6. 忌粗心大意

只有经过严格修改和反复推敲后的求职信才能收到良好的效果，因此，要重复翻看求职信，以避免出现错别字和语法错误。资料也要齐全，切记要留下可随时联系上自己的电话号码。

三、其他材料的准备

求职信、个人简历、推荐表、用人单位求职申请表等自荐材料各有功用，毕业生可根据不同情况综合应用，以达到良好效果。

（一）毕业生推荐表

毕业生推荐表也是大学生求职要使用的重要资料，是本人应届毕业生身份的证明，很多企业在招聘时会特别要求应届毕业生身份，入职后要求提交毕业生推荐表。这份资料每人一份，由毕业生本人填写，由学校审核、签章。推荐表分为上、下两部分，上半部分内容是毕业生的个人信息，包括毕业生个人的基本情况、学习成绩、获奖情况、计算机水平、外语等级、特长能力、就业范围等综合信息；下半部分是用人单位同意拟接收毕业生的意向回执，毕业生凭此回执到学校领取三方协议书。

1. 毕业生推荐表的填写

第一，要字迹整齐，不可涂抹，语句通顺，内容真实客观；第二，要将表内每一栏的内容填写正确、清晰，如专业、就业方位，真实地介绍个人表现和能力，不可夸张和伪造，也不必过于谦卑；第三，按照真实情况填写获得的奖励和受到的惩罚，如受过处分应主动说明原因，着重讲讲认识态度和改正决心，切不可隐瞒，否则通过档案了解后，用人单位会认为该人不够诚实；第四，可以将自己在校成绩单与毕业生推荐表一同提交给用人单位。

2. 毕业生推荐表的使用

推荐表是毕业生和用人单位双方达成意向后，毕业生递交给用人单位的一份正式书面材料，用人单位在回执上要写清单位的基本信息，以便学校与用人单位联系，学校凭此回执为毕业生发放三方协议书。有一点需要注意，用人单位的招聘工作是有期限的，聘用人员确定后即办理各种录用手续，所以在用人单位回执上会限定签约时间，毕业生应按要求准时签订协议书，否则视同放弃。

（二）求职申请表

除了个人简历、求职信、毕业生推荐表之外，求职申请表也是用人单位获取应聘者基本资料的一种重要方式。许多大公司和政府部门以及公共机构都根据招聘需要了解毕业生的情况，并设计一份申请表格要求毕业生填写。

此表可以从用人单位处获得，一般用人单位会在发布网络招聘信息的同时，给出求职申请表的电子版本，或者在招聘会现场以及面试现场直接发放纸质表格。

1. 仔细阅读

填写前要先仔细阅读，明确表格每一栏的内容和含义，尤其是小字说明。可以事前在手机上或者其他纸上写好答案，确定好答案后，再正式填写。

2. 深思熟虑

求职申请表不仅要求填写个人基本信息，一般还会要求填写自我评价，说明自己的优点和缺点，或者要求说明为什么选择这一职位，还有些会给出试题。对于这些内容，不可直接下笔，边想边写，而是要先仔细思考，要将这些要求和问题落脚到自己与职位的匹配度上，深思熟虑，通过回答问题，突出自己可以胜任这一职位的性格或者能力优势。

3. 字迹工整

填写时不可随意涂抹或者字迹潦草，要工整地填写完整，就算自己的书写水平一般，也要保证表格的整洁，反映出自己的认真态度，表现出自己对求职的重视。

除了上述材料以外，毕业生还应提前准备以下材料：

（1）毕业证书、学位证书。

（2）各种荣誉证书，包括奖学金证书和各类活动获奖证书。

（3）英语和计算机等级证书。

（4）各类资格证书，如报关员资格证书、注册会计师证书等。

（5）学校正式开具的、盖有学校印章的成绩单。

（6）在正式出版物上发表的各种作品，如科研论文、摄影作品等，以及图文形式的作品集合；若是应聘网络营销类的职位，还可以展示自己拥有的粉丝数量多的微信、微博等账号，或者点赞、评论、转发多的网络图文、视频等。

第四节　就业的能力准备

一、大学生应具有的能力

（一）良好的学习素质能力

不同的知识体系只有处于一个合理的结构中，才能使其静有其位、动有其规、各显其能、优势互补。知识结构因人才类型、层次而异，不存在固定的、普遍的模式。目前，学术界提出的比较有代表性的知识结构有三种模式。

第一，强调基础理论宽厚扎实和专业知识广博精深的宝塔型知识结构。

第二，强调知识广度与深度统一的网络型知识结构。

第三，强调个体知识与整体知识有机结合的帷幕型知识结构。

这三种知识结构虽各有不同，但每一种模式都表现出博而不杂、专而不偏、基础雄厚、适应性强的共同特征。

1. 专业知识体系

科技人才应该具备一定的专业知识体系，这是科技人才所需的核心能力之一。大学生是高级专门人才，因此应具备健全的专业知识体系。

2. 辅助性知识体系

辅助性知识体系包括立身做人的知识体系，如道德、法律，也包括有助于本专业知识发挥效应的人文知识体系，如管理、交往、表达等。

在全球经济一体化迅猛发展的时代背景下，外语和计算机技能已经成为非常重要的职场能力，并且在许多用人单位中成为必需的技能要求。一些坐落在国际化都市的企业和组织需要有更多具备外语和计算机技能的专业人才来满足业务拓展和创新的需求。如在深圳、上海、北京等大城市的企业，对于人才的英语和计算机技能都有专门要求。许多用人单位将学生掌握的计算机技能水平作为考虑招聘的因素之一。

3. 在动态中丰富与组合

知识结构是在求知的过程中，经过量的吸纳、储存、积累而逐步形成的。这是一个从无序到有序、从低级向高级不断变化的过程，是一个渐进优化、日趋合理的发展系统。特别是在科学日新月异的今天，要保持知识结构的最佳状态，就更应该体现知识结构的动态性、可变性和根据实际需要在动态中的可丰富性与组合性。

（二）良好的语言表达能力

良好的语言表达能力对大学毕业生至关重要。因为在求职的各个环节，如准备个人材料、回答招聘人员的问题、撰写自荐信或接受面试等，都需要求职者具备强大的表达能力。步入职场后，具备良好的语言表达能力，在人际交往、工作汇报、商务谈判等场合，对于沟通交流、建立良好关系、达成共识等方面都具有重要意义。良好的语言表达能力是指通过语言表达个人思想、阐明个人意见或观点的能力。良好的语言表达能力体现了个体对于语言的掌握和运用水平，是个人综合素质的重要组成部分。语言表达能力形式多样，如图示表达、书面表达、数字表达和口头表达等都属于语言表达能力范畴。

大学生在培养表达能力时，应注重提高表达的准确性、鲜明性和生动性。准确性的提高是实现有效表达的基础，能够确保信息准确无误地传递出去，鲜明性则有助于使表达更加鲜明有力，克服语言信息接受者对信息的接受障碍，生动性则能够使表达更加生动有趣，增强语言信息接受者的兴趣和理解力。

（三）良好的创新能力

大学生要想具备良好的创新能力，就必须具有良好的创新思维。创新思维是能摆脱成见、构筑新意，在认识上产生新的突破的思维。创新思维是具体形象思维与抽象逻辑思维的统一，是人类的一种高级思维活动。创新思维是逆向思维与顺向思维的统一、直觉思维与分析思维的统一、发散思维与聚合思维的统一、智力与非智力因素的统一。思维活动怠惰，就不可能有创新。

创新能力是当今社会非常重要的一项能力。它不仅对于社会的发展进步至关重要，也是个人成功和成长的关键。用人单位也越来越看重大学生们发明创造能力。

创新能力是一种综合性的思维和行动能力，涵盖多个方面。首先，强烈的好奇心和细微的观察力帮助一个人发现问题和机遇。深刻的洞察力使其能够看到问题的本质，抓住事物的根本。大胆的设想和勇于探索的精神推动一个人思维边界的拓展，从而提出新的理念和解决方案。最后，提出问题、研究问题和解决问题的能力则是创新能力的核心，通过思考和实践来创造出新的理论、新的思维和新的产品。

学生应该努力培养和发展这些创新能力。这可以通过多样化的学习和实践来实现。此外，发展良好的团队合作、沟通和反思能力也是培养创新能力的重要环节。拥有发明创造能力的大学生在就业过程中更具竞争力，能够适应快速变化的社会经济环境，并为企业带来新的想法和创新。

（四）良好的动手能力

动手能力是大学生必须注重培养的一项重要能力。它是将理论知识转化为实际操作能力的关键，对于专业工作者来说尤为重要。大学生应该重视动手能力的培养，将理论与实践相结合，努力实践并通过实践来提升动手能力。这样才能更好地适应职场的需求，增强竞争力，并为未来的工作做好充分的准备。无论是科技人员还是教师，仅仅理解技术原理或拥有丰富的知识是不够的，还需要具备实践动手的操作能力。科技人员需要将理论应用到实际生产和技术任务中，而教师需要将自己的知识转化为具体的教学过程和方法。这些都需要通过实践操作来进行。大学生应该注重培养这种实践能力，通过实践锻炼来提升自己的动手能力。具备过硬的动手能力的大学毕业生在就业市场中会更受青睐。实践操作能力不仅能够帮助他们更好地适应工作环境，也能够提高工作效率、降低错误率，并为用人单位带来更实际的工作成果。

（五）与他人团结协作的能力

合作精神对于处理人际交往关系、维护国家统一和社会稳定具有重要的意义和作用。它是一种促进人与人之间合作与和谐关系的精神力量，也是中华民族的传统价值观之一。在当今竞争日趋激烈的市场环境下，竞争与合作是共生共存的，不能为了团结合作就放弃正当的竞争；同样，也不能因为竞争而破坏团结与合作的人际关系。合作精神也是当代大学生在处理交往关系时应当具备的道德品质。

（六）良好的组织管理能力

无论从事何种职业，组织管理能力都是每个人在工作中需要具备的一项重要能力。在现代社会，组织管理能力并不仅仅局限于领导干部和管理人员所必需的技能，事实上，其他专业人员同样需要具备一定的管理能力，以应对日益复杂的工作环境和挑战。以科技人员为例，随着科研合作日益频繁，科研规模不断扩大，科技的综合化和社会化，对于科研系统的组织和管理能力的要求也越来越高。没有组织管理能力的科技人员很难胜任复杂的科研工作。即使一个人没有机会参与大型科研项目，但负责一个小课题组、担任班主任或者成为一个企业家，也需要具备一定的组织管理能力，以调动群众的积极性、发挥团队的智慧。大学生在学习期间应该重视组织管理能力的培养，因为传统的"书生型"人才已经不能满足社会的需要。不论是哪个专业的毕业生，都需要既具备一定的组织管理能力，又拥有精深的专业知识，这是时代对人才的客观要求。

（七）健康的身心素质

1. 健康的体质

（1）健康第一思想

无论是学习和掌握先进的科学技术，还是适应紧张的社会生活和工作，都离不开强健的体魄。正如毛泽东同志所说："德智皆寄于体，无体是无德智也。"[1] 所以，学生必须树立健康第一的思想。

（2）体质达标

高等学校学生体质达标，是毕业生必备条件之一。大学生应具有强健的体魄、较强的耐力和反应能力、良好的体能及健康的体质。这主要从多方面进行综合评定，如课外体育锻炼、身体机能、体育课成绩等。具体考核的指标包括体重、胸围、身高、肺活量、视力等。

---

[1] 曹应旺. 走进毛泽东诗词世界 [M]. 上海：上海人民出版社，2021.

（3）培养健身习惯

生命在于运动，大学生要具有良好的卫生习惯、浓厚的体育活动爱好，特别是健身习惯尤为重要。要在大学期间积极参加各项体育活动，即使到毕业年级也不能放松，这是保证身体健康的最有效途径。

2. 良好的适应能力

适应社会和改造社会是对立统一的两个方面。大学毕业生在刚刚踏入社会时，往往很难适应现实生活中的种种变化和挑战，会产生不安和不满的情绪。因此，大学毕业生需要充分意识到适应社会的重要性，并努力培养适应社会的能力和意识。

适应是为了更好地担当社会赋予的职责和使命。大学毕业生只有适应社会，才能够逐渐熟悉自己的工作、环境和社会角色，并更好地发挥自己的聪明才智。适应社会的能力不仅要强调适应性，还要加强创新和进取的意识，要不断思考和探索改进的方法和途径，努力实现自身的发展。适应社会是一种积极的、主动的态度和行为，需要与改造社会相结合。

（八）美的情操

1. 提高审美能力

高等学校学生不但要爱美、懂美、会美，还必须在审美过程中不断提高自己的审美能力。

（1）树立正确的审美观

树立正确的审美观是非常重要的。正确的审美观应该是基于现代文明和先进文化的基础上，与时俱进、客观科学、人文关怀的，关注个人和社会的全面发展，关注人类灵魂的升华和美好的追求。这样才能为个人和社会提供正确的审美导向，避免流于肤浅、庸俗和低俗的审美娱乐。

（2）掌握必要的审美知识

高等学校学生应多学习掌握一些审美知识，多学习、多了解各个类别、各个时代的各种艺术作品，丰富和充实自己的审美理论，汲取艺术美的营养。同时，要学会鉴别美与丑、高尚与低俗的区别，从而更好地提高自己的审美水平和修养。

(3)积极参加审美的实践活动

人的审美素质不是生来就有的,而是在后天的社会实践中不断学习提高的。大学生只有积极参加各种形式的社会实践活动,才能在丰富多彩的社会生活中思考和探索美的各种问题,从而提高审美能力。

2.培养美的风度

美的风度是指在社会交往中所表现的一切行为规范的文雅和优美的外部形象。风度美是一个人内在气质的外现,是人的外表美和内心美的统一,是作为自然人的形体美和作为社会人的心灵美的融合。

(1)语言美

在社会交往中,一个人的风度优劣,大部分是通过语言表现出来的。语言是表现人的风度的重要载体和手段。语言美是社会文明,特别是精神文明的构成因素,是风度美的重要标志之一。每个大学生都应当使自己的语言从内容到形式优美动人,让风度美闪光生色。

(2)服饰美

服饰选择和搭配能够展示一个人的个性、品位,甚至身份和地位,它能从内在的精神气质和外在的形貌作风上鲜明生动地表现人的风度。服饰打扮与其他任何事物一样,有其独到的学问和规律,每个大学生都应当从服饰与年龄、服饰与个性、服饰与身材、服饰与环境等诸多方面了解这些学问和规律,了解服饰艺术的表现功能,以便使服饰打扮更好地表现自己的风度美。

(3)神态美

神态是人的性格、气质的外露。优美动人的神态令人耳目一新,能得到人们的喜爱和尊敬;相反,丑恶的神态则令人厌恶作呕。人的神态可谓千姿百态,对此不必强求一律。对于大学生来说,端庄、振奋、活泼则显示着特殊的美好神态,这种神态往往是自尊、自信与心胸开阔的反映。

(4)行为举止美

一个人举止的优劣,也是风度美与否的具体表现。人的举止内受制于道德意识,外显于一定的形式。一般来讲,举止文雅优美的人,都有着较高尚的道德水准。所以一个人举止的优劣美,是表现人的风度的最理想的因素。美的举止,既能表现出爱心、友谊、理解、宽容、体谅、关怀、照顾、同情、帮助、怜悯等细腻的情感，又能表现出谦虚谨慎、助人为乐、公而忘私等崇高的思想，还能塑造完美的作风和美好的形象，这是人的风度美的最本质的体现。因此，所有注重风度美的大学生都应当重视行为举止的修养。

（九）良好的社会交际能力

人际交往能力是指在与他人相处时展现出的一种能力。与学校中简单的同学与师生关系相比，社会上的人际关系更加复杂多样。对于刚步入社会的大学毕业生而言，他们需要与各种各样的人建立不同类型的关系。能否正确、有效地处理和协调职业生涯中的人际关系，不仅关乎个人对环境的适应能力，还会对工作效能、事业的成败、生活的愉快以及心理健康产生影响。刚步入职场的大学毕业生由于对社会的了解相对欠缺，经验较少，往往在面对错综复杂的人际关系时感到束手无策，很难适应新环境。良好的人际交往能力的培养可以使大学毕业生在新环境中顺利适应、建立良好的人际关系。大学生应该自觉地培养良好的人际交往能力，这对于他们成功适应职场和建立良好的人际关系至关重要。

二、大学生如何做好就业能力的准备

随着用人单位对人才素质的要求越来越高，大学生整体就业难度也在不断增加。大学生要想走出就业难局面，就要全方位地提高自身的能力，以适应社会的发展对人才素质的要求。新时期需要的人才不再是单一型的，而是"一专多能"型的人才。大学生要主动适应这种变化，走出狭隘的思维空间，掌握学习的技巧和方法，努力学习各方面、各领域的知识，拓宽自己的知识面，要勤于实践，提高自身的能力水平，为未来就业及发展打下良好的基础。较强的就业能力可以通过以下途径获得。

（一）勤奋学习，积累知识

大学生在校期间，一定要注意拓宽自己的知识面，勤奋学习，不耻下问，积累知识，并将知识转化为实际能力。学生需要理解，仅仅堆积知识是不够的，真正的才能是对知识的提炼、改造和创新，以及将知识融入实践中的能力。知识是能力的基础，能力是随知识的积累并在实践过程中不断锻炼而逐步增强的，是学生综合素质的一个重要方面，离开了知识的积累，能力就成了"无源之水"。因此，必须把两者统一起来，才能在择业就业过程中立于不败之地。大学生需要通过主动努力来完善各方面的能力。他们可以向教师、同学以及前辈学习成功经验，不断提升自己的能力水平。虽然获得各种能力的方法可能各不相同，但唯一不变的是勤奋。只有通过勤奋地学习和将学到的知识应用于实践中，才能指导实际行动，避免走弯路，并不断发展和提高自己的实践能力。

（二）积极参与，勤于实践

能力是在实践中逐渐培养和展现的。积极参与各种实践活动，不仅能够丰富大学生的经验，培养各种能力，还能够发展他们的兴趣和特长。这些实践经历将成为大学生在求职时的亮点，增加他们的竞争力，并为他们未来的职业发展打下良好的基础。通过积极参与不同的活动，大学生可以锻炼自己的各种能力。例如，参与义务家教、担任清洁保洁员、参加社区服务等活动，不仅可以培养大学生的情操，还可以促进他们各方面能力的提高。因此，大学生应该时刻保持积极参与和勤于实践的态度，不断拓宽自己的实践领域，提升自己的能力水平。

（三）启迪思维，发展兴趣

培养兴趣对于大学生的能力发展非常重要。拥有广泛的兴趣爱好可以使人思维更开阔，眼界更宽广，并且有助于促进创造力的发展。通过投入兴趣爱好的活动中，大学生能够从中获得启发，解决问题的能力也会得到相应地提升。同时，完成某种复杂的活动，往往需要几种心理特征的有机结合，因此大学生要注意发展自己多方面的能力，力争使自己成为复合型人才。或许起初对某件事不感兴趣，但一个人成功的重要因素之一就是使自己对不感兴趣的事变得感兴趣。大学生不应该局限于个人专业领域，而应该尝试发展广泛的兴趣爱好，这样可以培养多方面的能力，成为复合型人才。有时候，即使一开始对某件事情没有兴趣，但慢慢地培养出对其的兴趣也是很重要的。这种广泛的兴趣爱好可以帮助大学生在专业以外的领域获得更多的知识和经验，促进个人的全面发展。

（四）要加强思想道德素质的培养

用人单位在选用人才时，将个人的业务能力和道德水准放在同等重要的位置，有时对道德素质的要求甚至高于对业务能力的要求。因此，大学生要注重自身思想道德水平的提高，要学会做人的基本原则，讲究人品，讲究诚信，增强自己对社会、对国家、对单位、对他人的责任感，在追求个人利益和自我价值的同时，作出对国家、社会、人民应有的贡献。

第五节　就业形势与就业政策

一、大学毕业生就业形势

职业是一个人安身立命之本、施展抱负之基、成就自我之途。选择了一种职业就是选择了一种生存方式，选择了一种生活，甚至一段怎样的人生。可见，职业选择对于人的一生有着重要的影响。但是职业有时却是可望而不可及的，由于多种原因，大学生就业难已经成了一个不争的事实。分析其原因，寻找解决的对策，是大学生必须面对的问题。

（一）大学生就业工作趋势

当前，大学生就业出现了一些值得注意的动向，研究这些动向，采取积极的策略，将会促进大学生就业工作的开展，有利于大学生更好地培养自己。

1. 就业短期化成为趋势

"一次就业、终生在岗"，这是计划经济时代人们的思维定式。但在市场经济时代，一方面劳动力过剩，一方面大学生就业结构失衡，造成双向选择力度加大。用工企业优中选优无可非议，大学生找不到工作暂时性地选择并不适合的岗位就业在所难免。面对一份只是为了缓解就业压力，并不完全符合自己兴趣、性格的职业，许多毕业生将其作为一个跳板，一个暂时的避风港。在工作一段时间产生不适后，频频跳槽，"先就业后择业"的隐忧也凸显出来。为了克服这一问题，很多企业采用两阶段雇用模式，普遍采用延长试用期的方式，从而对应聘者进行全面考察，竞争上岗，以便留住既有高素质又有高忠诚度的员工。伴随着双向选择的深化，一次性就业成为历史的遗迹，短期就业和多次就业会成为就业主流脉象，跳槽成为职业选择中的一个常用名词。在这种大趋势下，我们采取的对策建议应该包括以下几点。

（1）骑马找马，积累资源

面对越来越大的就业压力和择业难度，大学毕业生马上找到一份心仪的工作难上加难，况且很多专业的学生不能一步到位。考虑到融入社会、接触实践是大学生成长的一个必要阶段，一些专家提倡"骑马找马"。例如，找一份与理想岗位相近的工作，积累经验；或者找一份与理想职业毫不相干的工作，蓄势待发；或者找一份南辕北辙的差事，不做"啃老族"。"骑马找马"作为一个权宜之计具有一定的积极意义。毕竟，大学生走出校门，最好先找份工作养活自己，在这个世界上自立地生活下来，然后再做打算。大学生应趁这一机会积累工作经验，弥补个人经历不足，将现在的工作视为今后职业生涯的跳板。当然不应该频繁跳槽，有的人工作才几年，可跳槽已经很多次了，今天干技术、明天干销售、后天去创业，到后来又想回来做技术，最后也不知道自己究竟想干什么，适合干什么，导致多年工作经历与经验既没有连续性也没有累积和递增效果。

（2）清晰定位，慎重抉择

对于一个企业而言，需要的是对自己有清晰定位的人才，"骑马找马"，先就业再择业造成的员工流动，已成为企业最不确定的风险。

有的企业常常是一年换波人马，造成了大量的损失。我们发现，临近毕业的大学生十分浮躁，课没心思上、论文没心思写、实习没心思去，惶惶不可终日。浮躁的心往往让大学生无法明确地了解自己，容易造成眼高手低的局面。有的大学生都毕业好多年了，在职场上还没定位清晰，频繁跳槽，越干越心虚，越干越没劲，没有核心竞争力，更没有练就一个"长期吃饭"的"手艺"；有的人找工作时缺乏目标和规划，跟着感觉走，等进入到某个领域才发现空间有限或前景不乐观，抑或工作内容与性质不喜欢，导致自己有抱负实现不了，有能力发挥不出来，在郁闷与纠结中虚耗时间。所以，大学生一定要冷静定位，清晰地了解自己。有了对自己清晰的定位，在遇到问题的时候就能保持冷静的头脑，就不会因为外界干扰去轻易改变自己的原始目标。有了目标，就能排除一切干扰，全力以赴去做一件事情。

2. 工作态度胜于专业技能

在企业招聘员工时，一个重要的趋势是企业在考察知识、能力之外更重视考察工作态度学习能力、文化适应等内容，特别是工作态度。为什么会出现这种情况呢？在现代企业的竞争中，越来越多的企业认识到企业最需要有责任感的人才。实际上，缺乏技能并不是什么大问题，只要有意愿去学习、探索和努力，就可以达到熟练的水平；然而，即使具备了技能，如果不愿意去工作，那肯定无法做好工作。企业最希望拥有胜任工作的员工。胜任所代表的不仅仅是能力，更重要的是道德品质、积极性、责任感、进取心等职业素养。大学生在求职中，企业的要求往往是能力重于态度。例如，一个女大学生在试用期每天自觉打扫公司车间走道，受到赞扬。她认为既然大家都认为这么做很好，那就好好地把它做好。从她的态度中，不难发现一个新人对工作的高度责任感。在现代社会，责任感是一种宝贵的品质，她明白作为一名员工有责任保持工作环境的整洁。当责任感变成习惯和常态时，这样的人更让人敬重。她用实际行动证明了自己是一个有责任心、有担当的人，这种品质不仅在工作中得到体现，也在生活中得到贯彻。责任感的培养是每个人都应该关注的问题，无论在职场还是生活中，责任感都是前进的动力和基石。只有具备责任感的人，才能在面对困难和挑战时保持坚定的信念和积极的态度。我们发现，许多招聘的人力资源部门十分重视工作责任心和工作态度。美国在线招聘小组负责人运用"5项态度与性格标准"来筛选新应征的员工。"结果好极了。"他们说，"我们有史以来招聘的最好员工就是这批新员工。"他们认为，在招聘过程中区分可以培养的领域和难以改变的领域很重要，并解释说，个性到25岁的时候基本上已经定型了。相较于改变一个人的商业知识和技术而言，改变一个人的人际交往技能和态度要更加困难。

他们重视的"5大性格模式"包括严谨自律性、开放性、亲和性、外向性、情绪稳定性。

作为大学生，有了好的态度，才会发愤图强，去实现自己设定的一个又一个小目标、大目标。个人的态度不是天生就有的，态度是在长期的生活环境、教育和社会实践中逐渐形成的，是一个从无到有、从简单到复杂、从不稳定到稳定的过程。无论从个人成长的角度还是就业形势的要求，我们都应该在学校中培养自己良好的工作态度。态度是一种观念，更是一种行动。如果一个人没有好的工作态度，一定不会成为人才，即使今天是人才，明天未必是人才。

3. 自主创业悄然兴起

自主创业已是备受大学毕业生青睐的又一出路，同时也成为在校生的关注热点。创业是一个很诱人的字眼，其过程则是一个艰苦的探索。在就业形势更加严峻的今天，它已经成了一种新的选择。在大学生面前，另一条成长成才之路正在延伸。

应该说，当代大学生的创业以及学校开展的创业教育，不仅是一种大学毕业生择业观的改变，更是大学能力教育的新层次，不仅是鼓励学生单纯地去创业，更是着重于培养学生的创业精神与创业能力。它的精神意义是深远的，它的魅力也是巨大的。创业能力的培养，创业精神的塑造，使大学毕业生面对全球一体化不断出现的棘手危机，能够超越传统，更好地去面对人生里的各种机遇与挑战、各种成功与失败。

实际上，人生就是一笔最巨大的"产业"，每个人都是一座金矿，如何更好地开发它，挖掘出自身的精神潜能，才是当代大学生创业教育最重要的现实意义。

4. 就业困惑与结构性失业

结构性失业是指由于经济结构性变化，导致某些行业或职业的需求减少或消失。在这种情况下，一些劳动者可能面临找不到与他们的技能和背景匹配的工作机会的困境，从而长期失业或需要进行转岗和再培训。这种失业类型主要是由于劳动者所具备的技能与岗位需求之间的不匹配导致的。换句话说，尽管企业和社会中存在大量的职位空缺，但求职者由于缺乏必要的技能或者对某些工作的内容不感兴趣，而无法成功找到合适的工作，从而继续处于失业状态。一些资料表明，很多企业招不到合适的人，但同时又有很多的毕业生找不到合适的工作。由于就业态度不端正，人岗匹配意识不强，大学生往往对自己没有一个准确的定位，往往从世俗的观念出发，更多地考虑所谓的职业声望，抱着"皇帝的女儿不愁嫁"的心态，"高不成低不就"，最终导致结构性失业。

这里，职业生涯规划不够的问题逐步凸显出来。在需终身谋求就业的时代，人们倾向于主动规划和管理人生，以保障高品质生活。国外大学生几乎都接受职场就业辅导，使人生规划更科学合理，符合社会趋势，避免与需求错位。而在我国，职业生涯规划的理念还不够普及，人们还不善于利用这个"工具"，去开发自己的新天地。

树立新的就业理念是逐步走出就业难困境的一个办法。在今后一个时期，大学生在职业选择方面将会有更大的决定权。基本走向是政府从就业市场的主导位置上逐步后撤，将以宏观调控为主要手段，逐步形成国家调控，社会及学校积极参与，毕业生成为就业最终主体的新格局。从国外的情况来看，学生在学校是获取知识、提高素质，对于能否找到工作更多的责任在学生本身。这种自己主导的意识将会促进大学生进一步的自我探索，促进真正意义上的"人岗匹配"。就业培训也将由学校单独承担向学校与社会共同完成转变。就业前教育和职业管理培训将引领新的趋势。

（二）大学生就业难的原因

1. 大学生绝对数增加

美国著名教育社会学家马丁·特罗在20世纪70年代初，提出了高等教育发展阶段划分理论。根据这一理论，一个国家或地区的高等教育毛入学率超过50%的入学率则代表进入了"普及"阶段；在15%—50%之间，则被称为"大众"或"大众化"阶段；在15%以下时，被定义为"精英"阶段。

高等教育发展的阶段性特征如表3-5-1所示。

表3-5-1 高等教育发展的阶段性特征

比较维度	精英教育	大众阶段	普及阶段
毛入学率	15%以下	15%—50%	50%以上
教育功能	培养学术和政权精英	培养社会组织领导者和专业技术人才	为广大民众职业生活做准备
课程设置	高度结构化、专门化（必修制、学年制）	模块化、半结构化（选修制、学分制）	高度开放、灵活的通识教育

续表

比较维度	精英教育	大众阶段	普及阶段
教学方式	导师制，个别指导或讨论式教学	弱化师生关系，课堂教学为主，讨论为辅	多样化、多元化教学
办学模式	直接选拔升学，统一性、标准化、小规模	准选拔性，入学形式多样化、标准多元化、大规模化	非选拔化，无统一标准，更加多样化、多元化

中国高等教育大众化发展已经呈"势不可挡"之局面。实际上，我国现阶段的高等教育既有大众教育的某些特征，又有普及教育的某些因素。随着办学机制的多样化，各种类型的学校蓬勃发展。学生绝对数的增加造成了一定程度的就业困难。同时，从表中可以看出，精英教育与大众教育有很多的不同，实际上，我国的"大众"教育蕴含着许多"普及"因素，就其教育功能看，"为广大民众职业生活做准备"已成为现阶段的现实，"高度开放、灵活的通识教育""多样化、多元化教学"方式也会逐步被以就业为导向的学校采用。在这种情况下，如果大学生还以"精英"为标准选择职业，那么，就业难不可避免。

2.我国就业岗位相对不足

（1）我国就业弹性系数下降

就业弹性系数是指GDP增长一个百分点所带动的就业增长的百分点。当这个系数较大时，说明经济增长可以有效地创造更多的就业机会，也就是经济对劳动力的吸纳能力较强。近年来，中国的就业弹性系数一直呈下降趋势。其中一个主要原因是，中国的中小企业相对较少，导致就业容量有限。从国际经验来看，中小企业在很多国家占据了99.5%的比例，而其中的劳动者占到了65%—80%。然而，在中国，中小企业的数量相对较少，因此吸收劳动力的能力相对较弱。

（2）劳动密集型产业数量少

人民币增值、金融风险压力增大，导致劳动密集型企业受到影响；科学技术的发展导致高新技术产业比例增加，从业人数减少。

（3）第三产业发展缓慢

与相近发展水平的国家相比，我国第三产业比重还比较低，发展相对较慢。

受现行管理体制的种种制约，第三产业中的准入限制较多，新的创新型企业或个体不能轻易进入市场，限制了市场的多样性和创新性；第三产业中的行政管理色彩重，导致市场主体面临更多的行政手续和管束，使创业者和服务提供者的创新积极性受到抑制，从而地抑制了第三产业的发展。此外，与经济发展水平相比，我国城市化水平明显偏低，城市规模普遍较小，近90%的城市在15万人以下。由于城市化水平低，城市规模小，势必抑制第三产业的发展。第三产业的不发展造成就业岗位少。

3. 学校教育与社会需求脱离

（1）专门人才素质未达标，造成岗位难得其人

近年来，我国高等院校毕业生人数大幅增加，但专业人才的质量却不能满足需求。在近30个国家中，中国的"合格信息技术人员可获得程度"和"合格工程师可获得程度"两项指标排名垫底。这一情况揭示了中国高等教育存在的问题，即注重考试成绩而忽视学生实际能力和实践经验的问题。

很多毕业生面临着多种问题。一方面是他们缺乏专业技能。传统的教育模式注重传授理论知识，但很少提供与实际工作相关的实践培训，这导致一些毕业生在实际工作中缺乏所需的专业技能。另一方面，一些毕业生缺乏项目实践经验。在高校教育中，项目实践经验对于培养学生的实际能力和解决实际问题的能力至关重要。然而，很多学生在学校期间缺乏参与实践项目的机会，这使他们在毕业后面临缺乏实践经验的问题。此外，也有毕业生在毕业后缺乏英语表达能力。在全球化的背景下，良好的英语沟通能力对于从事工程和信息技术行业来说是至关重要的。然而，由于目前的教学模式和培养方法，一些学生在英语表达能力上存在欠缺。专门人才生产与需求脱节，带来供给过剩。

（2）学校专业设置不合理，造成人岗不匹配

相较社会人才需求的变化速度而言，大学专业调整周期相对较长，这不可避免地导致了一些招生时所谓的热门专业在毕业后却变成了冷门专业。为应对这个问题，我们需要加强对大学毕业生信息的收集、分析和动态调整。应该指出的是，学校教学往往以学科为中心，强调学科的完整性；而职位以能力为中心，强调知识的应用性。以知识发展为中心还是以就业为导向在学校还是一个未解决的问题。

4. 就业制度不配套

目前，经济学理论将失业现象分为结构性失业、摩擦性失业和周期性失业三类。在这些分类中，大学生的失业状况属于结构性失业。因此，人们常常认为解决大学生失业问题的关键在于转变观念。然而，由于信息不对称，导致"人不知其位，位不得其人"，造成职位浪费。

在社会保障机制不健全的情况下，会出现人才流动不畅的问题。由于缺乏健全的社会保障，部分与岗位不适配的员工无法正常离开当前单位，导致人才的滞留，影响了整体的人才流动和优胜劣汰；同时，由于岗位有限，有些更合适的人才却难以找到合适的工作岗位。

5. 学生就业观念未调整

当代大学生就业价值取向发生了很大的变化，从以前追逐大城市、事业单位、大企业单位，转为到一些中小民营企业、基层单位就业。就业压力使大学生改变了以往的就业观念，主要表现在：第一，就业单位的选择范围不断扩大。外企、民营企业由于国家政策的扶持以及发展速度的迅猛，成了大学生就业的热门选择。第二，在就业时，大学毕业生更多地关注未来工作的发展前景。大学生的数量在不断增加，大部分学生开始看重自己成长过程中的发展机会。这种重视个人发展机会、轻薪酬福利的观念是正确就业价值观形成的必然趋势。

最近几年，在国家和政府政策的宣传和支持下，越来越多的大学毕业生选择了到基层、到西部工作的就业方向。我国出台的鼓励大学生到基层工作的措施主要有大学生志愿服务西部计划、"三支一扶"政策、大学生村官政策、为学生创业提供小额贷款或者税费优惠、鼓励高校毕业生灵活就业和自主创业、鼓励各类企事业单位聘用高校毕业生，并组织创业指导、创业培训、政策咨询等活动。

（三）解决就业难的措施

1. 拓宽就业空间

首先，国家已采取了多项政策，鼓励和引导毕业生到城乡基层就业；鼓励毕业生到中小企业和非公有制企业就业；鼓励骨干企业和科研项目吸纳和稳定高校毕业生就业；鼓励和支持毕业生自主创业。这些措施，无疑拓宽了大学生的就业渠道。同时，国家也采取了多项措施，切实拓宽就业空间。具体如下：

（1）国家公务员招考，提高了透明度、规范性，相当于增加了就业岗位。

（2）鼓励大学生应征入伍，对符合条件并入伍服役的高校毕业生实行助学贷款和学费代偿，等等。

（3）鼓励高校毕业生积极参加城市社区建设。围绕面向群众的多领域，大力开发适合高校毕业生就业的基层社会管理和公共服务岗位，引导高校毕业生到城市社区从事社会管理和公共服务工作，按照国家相关规定，对于在公益性岗位就业的，给予相应补贴。这些都为大学生就业创造了条件。

（4）组织实施"选聘高校毕业生到村任职""三支一扶"（支教、支农、支医和扶贫）"大学生志愿服务西部计划""农村义务教育阶段学校教师特设岗位计划""大学生村官"等，鼓励大学生到基层建功立业。

总之，大学生要了解国家的相关政策，充分利用国家创造的机遇，积极就业。

2. 调整就业观念

随着我国教育的发展，大学毕业生的人数迅速增加，大学毕业生的就业压力剧增。大学毕业生准确定位、调整就业心态、改变就业观念是缓解和解决"就业难"现象的关键。要形成到基层、艰苦地区、非国有企业就业的观念，走先就业，后择业，再创业的就业之路，以灵活的就业观念，在广阔的市场上寻找或创造适合自己特长的岗位。

（1）到西部去

为了促进中国东西部的一体化发展，政府决定加大对西部的开发力度，鼓励高校毕业生到西部地区发展和创业。越来越多的年轻人响应国家的召唤，他们怀抱着梦想和信念，前往祖国最艰苦、人民最需要的地方。他们不怕困难和风险，积极开拓创新，为中西部地区的发展注入新的活力和动力，为人民的福祉和国家的繁荣作出了杰出的贡献。

（2）到基层单位去，到生产第一线去

政府推出了一系列重大举措，例如促进区域经济协调发展、加快城镇化进程以及促进农村经济的全面繁荣。这些发展措施在促进发展目标实现的同时也为大学毕业生提供了重要的就业机遇。基于当前的就业形势，就业的主要途径应该包括基层、农村和中小企业。基层是年轻大学生锻炼成长的重要舞台。近年来，涌现出许多优秀的大学毕业生投身基层工作，在一线岗位上取得卓越成就，为国家和社会作出了杰出贡献，同时也实现了自身的理想和人生价值。实践证明，毕业生在基层具有巨大潜力，这是他们了解社会、服务国家、锻炼自我、快速成长的必由之路。他们的奋斗与付出将持续为中国的发展带来蓬勃动力。

（3）到民营企业去

由于大学生对民营企业认知的局限性和传统就业观念的影响，以及过去一些政策限制，造成了人们的错误认识，认为在民营企业工作地位低下、前途无望。这不仅限制了民营企业的发展和能力水平的提升，而且导致了民企在人才方面的短缺，特别是缺乏专业技术人员。然而，人们应该认识到，民营企业能为大学毕业生提供广阔的创业和发展机会，它们更加迫切地需要人才。选择进入民营企业意味着面对更多的机遇和挑战，这是一次值得珍视和把握的机会。因此，大学生应该摒弃对民企的偏见，积极支持和参与民营企业的发展，为个人提供更广阔的成长空间，同时也为民营经济的繁荣作出贡献。

（4）到市场创业去

为了应对高校毕业生就业困难的挑战，我们不仅要提供创业机遇和激励措施，更要让他们确立强烈的创业心态和热衷于投身市场。《21世纪的高等教育：展望与行动世界宣言》指出："毕业生将愈来愈不仅仅是求职者，首先将成为工作岗位的创造者。"如今，越来越多的毕业生正在推崇并采用"成为自己的老板"的理念。随着社会不断演变，国家、社会和高校正日益重视培养大学生的创业观念和创新能力，并采取各项政策措施予以支持和鼓励。自主创业并非易事，但对于一些专业，如农业种植养殖、营销、计算机等的毕业生来说，从小做起、选择服务业的创业路径仍然存有巨大机遇。公共服务领域也为大学生提高了许多创业的机遇。

（5）到服务性行业去

随着科技的进步和高等教育的普及，工作岗位对人员知识和技术水平的要求越来越高。教育的发展推动了整个社会文化水平的提升，使得从业人员的知识水平不断提高。在这样的国情下，许多过去认为是工人干的"力气活"由更高素质、更多知识的大学生担任是理所应当的。

目前，由于很多地区和单位对大学毕业生没有足够的吸引力，所以大学毕业生不愿选择这些地区和岗位就业。在西部地区、农村乡镇以及基层单位，大学毕业生依然可以找到广阔的就业机会和发展空间。

二、大学毕业生就业政策

（一）鼓励性政策

1. 鼓励高校毕业生到基层和艰苦地区工作

我国是一个农业大国，缩小城乡差别，促进共同富裕，一直是我党的一个重要政策。农村建设，需要一大批建设者，一大批有素质有想法有创意的人才去服务农村、建设农村、改变农村。在农村人才外流、知识相对贫乏、观念落后的状况下，如果不注入新鲜血液，那么我国的农村将会更加贫穷、更加落后。基层是国家各项政策的落脚点，也需要一大批有志青年。所以国家鼓励大学生到农村去、到基层去。"大学生村官"和"三支一扶"等就是国家采取的重大措施。

（1）"大学生村官"

从2006年起，许多刚毕业的大学生响应国家号召，踏上了走进农村实现人生价值的征程。从2008年起，中央启动"选聘10万名大学生到村任职"。选聘高校毕业生到农村任职，对于改善和优化农村干部结构，增强基层组织活力，促进农村改革与发展，加快社会主义新农村建设及解决部分大学生就业难题具有重大意义。"大学生村官制度"有其优越性，自实施以来，取得了显著的成效。

（2）"三支一扶"

为深入贯彻落实党的二十大精神，进一步引导和鼓励高校毕业生到基层工作，《关于实施第四轮高校毕业生"三支一扶"计划的通知》要求相关部门，充分认识实施"三支一扶"计划的重要意义，健全服务保障机制，同时加强人员的培养使用，优化选拔招募结构。

在深入推进人才强国战略的过程中，要充分认识到"三支一扶"计划的重要意义。这一计划旨在引导高校毕业生投身基层工作，不仅对促进高校毕业生就业观念转变具有积极作用，更是推动基层经济社会发展、优化基层人才结构的关键举措。因此，高校要从政治高度出发，关注基层对青年人才的需求，为"三支一扶"计划提供有力支撑，确保其在人才工作格局中发挥更大的作用。

为确保"三支一扶"人员的工作和生活保障得到有效加强，需进一步加大对相关配套资金的支持力度，严格规范中央财政补助资金的使用。基层服务单位需强化工作生活保障措施，确保每月全额发放工作生活补贴，根据单位人员标准提供相应补助。此外，为提升保障水平，基层服务单位要结合实际需求"三支一扶"人员办理补充医疗和商业保险，按规定缴纳社会保险、住房公积金，并发放艰苦边远地区津贴等。为激发"三支一扶"人员的创新创业热情，将多渠道构建交流平台。

中央鼓励具备条件的地方根据实际情况适度扩大招募规模。2023年，中央财政将支持招募"三支一扶"人员逾三万人。为加强对国家乡村振兴重点帮扶县的支持，对"三支一扶"人员实行计划单列，同时针对艰苦边远地区，将适度放宽专业要求。在招募计划的具体实施中，进一步加强对艰苦边远地区的支持。在招募选拔过程中，将制定专门的实施方案，细化考试流程，严格遵循公开、平等、竞争、择优的原则，强化考务管理，以确保考试安全顺利进行。

我国政府高度重视"三支一扶"人员的能力提升，开展了继续实施"三支一扶"人员能力提升专项计划。多层次组织开展岗前、在岗和离岗培训是提升"三支一扶"人员综合素质和专业水平的重要手段。健全贯穿全服务周期的教育培训制度，确保"三支一扶"人员在服务过程中不断学习、不断进步。完善"三支一扶"人员管理制度，严明纪律规矩，加强日常监督和作风建设，是确保人员在基层服务过程中遵守纪律、履行职责的重要保障。同时，健全考核激励机制，可以激发"三支一扶"人员的积极性和工作热情，提升他们的工作效率和质量。注重选拔和使用优秀"三支一扶"人员，为其提供更多的发展机会，激励其发挥更大的作用。

（3）特岗计划

"特岗计划"是指由教育部、财政部、原人事部、中央编办在2006年联合启动实施的"农村义务教育阶段学校教师特设岗位计划"，该计划通常在每年的4月启动招聘工作，在7月底前完成。"特岗计划"目的是加强农村义务教育教师队伍建设，解决教师总量不足和结构不合理等问题，以促进农村义务教育均衡发展。该计划旨在吸引年轻人到农村任教，稳定和改善农村教育人才队伍，同时提高教师队伍整体素质，逐步解决农村地区的教育问题。

（4）西部计划

"西部计划"即"大学生志愿服务西部计划"，是由共青团中央、教育部、财政部和人社部共同实施的志愿服务计划，服务地涵盖我国西部12省（区、市）及部分贫困县的乡镇。通过公开招募、自愿报名，每年招募高校应届毕业生，前往西部乡镇从事教育、卫生、扶贫等工作，为期1—3年。主题口号为"到西部去、到基层去、到祖国最需要的地方去"。

西部计划所需经费由中央和地方财政共同承担。中央财政按照中部地区每人每年1.8万元、西部地区每人每年2.5万元的标准给予补助。地方各级财政要统筹自身财力和中央财政补助资金，承担志愿者社会保险单位缴纳部分（个人缴纳部分从志愿者工作生活补贴中代扣代缴），并按月发放志愿者工作生活补贴，保障各级项目办开展志愿者招募、培训、派遣、宣传等工作。各地要确保为每名西部计划志愿者（含研究生支教团志愿者）落实社会保险，以及重大疾病、人身意外伤害等商业保险。为提高保障水平，县级项目办及基层服务单位是积极提供伙食、住宿和交通等方面的便利。

2. 鼓励高校毕业生自主创业和灵活就业

针对毕业生这一特殊群体，我国政府高度重视其创业选择，并为此制定了一系列优惠政策。依据相关规定，毕业生在工商部门批准后的第一年，可免交部分费用。此政策的出台，旨在减轻毕业生创业初期的经济负担，为他们营造更为宽松的创业环境。在此基础上，我国部分地区还设立了创业小额贷款和担保机制，以解决毕业生创业过程中可能面临的资金短缺问题，使他们能够更加专注于创业项目。特别值得一提的是，银行可为在西部地区及县以下基层创业的毕业生提供小额担保贷款，鼓励他们到基层发展，激发当地经济活力。为了让毕业生更好地享受到政策红利，财政部门会对从事微利项目的毕业生承担一定比例的贷款利息。此外，部分地区还通过财政和社会渠道筹集专项资金，以支持毕业生自主创业。这些措施充分体现了我国政府对毕业生创业的大力扶持。

3. 鼓励各类企事业单位聘用高校毕业生

对跨区域、省会及省会以下城市企业聘用的高校毕业生，要放开户籍限制，认真落实相关政策。各地政府鼓励各类企业多招收高校毕业生，以满足实际用人需求。在这一过程中，企业应充分行使用人自主权，灵活调整招聘策略。对于高校毕业生而言，无论在非公有制单位还是中小企业就业，都享有与国有企业职工同等的待遇。在专业技术职称评定方面，不歧视非公有制单位和中小企业的高校毕业生，确保其有同等竞争机会。此外，在西部大开发、国家公务员录用方面都出台了一些鼓励接收的政策。

（二）社会保障政策

高校毕业半年以上渴望就业但没有就业的毕业生，可以到户籍所在地劳保部门办理失业登记，组织其参加职业培训或就业见习。此外，劳动部门在三个月内提供三次岗位需求信息和一次政策咨询及职业指导。按照规定，对家庭困难或失业时间较长的毕业生进行重点帮扶，对于申请参加见习和职业资格培训的毕业生给予一定补贴。为了帮助那些毕业半年以上仍未就业的高校毕业生，劳动保障部门所属的公共职业介绍机构和街道劳动保障机构将提供免费的就业服务。

民政部门将根据当地城市低保标准，对于因健康问题或其他短期因素而无法工作且确实缺乏生活来源的人群，给予他们临时的经济援助。相关经费将由地方政府财政专项拨款予以保障。

在全国范围内，各企事业单位在进行岗位和工作环境评估后，会根据其规模，被正式认定为见习单位或就业见习基地，并予以公开挂牌。见习期限设定为最低不少于半年，最高不超过一年。完成见习后，毕业生将接受全面的考核鉴定，并获得见习证明。另外，如果在见习期间被正式录用，其见习期可计入工龄。此外，为保障毕业生的基本权益，地方财政部门及见习单位提供基本生活补助。对于非本地户籍的毕业生，各地区将自行制定相应的优惠政策以鼓励其参与见习活动。

（三）户口政策

对于那些离校时未能立即落实工作单位的毕业生，我国政府出台了一系列政策措施，旨在为他们提供更多的生活便利和保障。针对毕业生要求将户口转回入学前户籍所在地的需求，公安机关将严格按照相关规定，为毕业生办理落户手续。这一政策旨在确保毕业生的合法权益得到保障，让他们在离校后能够顺利地融入社会。同时，相关人事机构会为毕业生提供免费的人事代理服务，帮助他们解决在求职过程中可能遇到的问题。对于那些自愿将户口保留在学校的学生，我国政策规定，学校应为其保留两年。在此期间，档案管理机构将免收相关服务费用，为毕业生提供便利。这一政策旨在减轻毕业生的经济负担，让他们有更多的时间和精力投入到找工作中去。当毕业生找到工作单位并落实户口迁移手续时，公安机关将按照相关规定，为他们办理户口迁移手续。这一政策保证了毕业生在就业过程中的顺畅，让他们能够在新的城市开始新的生活。

省会城市、副省会城市、地级市应取消对跨地区聘用的高校毕业生的户口限制；同时，为便于跨地就业，应将相关手续的办理进行简化。为减轻毕业生的负担，取消对接受高校毕业生收取的城市增容费等。公安机关要放宽建立集体户口的审批条件，以支持各类中小企业和非公有制单位对高校毕业生的聘用。非应届生凭普通高校毕业证书、劳动合同和用人单位录用手续办理落户手续。应届毕业生凭普通高校毕业证书以及与用人单位签订的就业协议书到公安部门办理落户手续。

第四章 大学生就业的技巧指导

即将业的大学生在面临就业时，要掌握一定的技巧。本章共分为五节，分别是大学生自荐的技巧、大学生网上求职的技巧、大学生笔试的技巧、大学生面试的技巧以及大学生适应社会的技巧。

第一节 大学生自荐的技巧

自荐就是自己推荐自己。求职最基本的自荐策略是：让招聘者特别注意到自己。同时，大学生要明白，用人单位接触应聘者的机会和时间是有限的，采用适当的策略突出自己，会收到意想不到的效果。

一、自荐的常用方法

通常情况下，自荐可以分为间接自荐和直接自荐两种方法。

间接自荐是指通过中介人或第三方向用人单位推荐自己。个人可以将自己的意愿和条件告诉中介人或形成材料，通过中介人或材料将个人与潜在用人单位进行联系。

直接自荐是指个人直接向用人单位展示自己的能力和优势，以争取得到工作机会。通过自我介绍和自我推销，个人可以向用人单位展示自己的技能、经验和潜力，以及为用人单位带来的价值。常见的自荐方法主要有电话求职、书信求职、广告求职、网络求职、参加人才招聘会、学校推荐和他人推荐7种。

（一）电话求职

电话求职是指通过电话与单位交谈推荐自己的一种方法。电话是现代人际沟通的主要工具之一,求职者在求职过程中很多时候首先要进行电话联系。打求职电话要注意以下几点。

1. 选择适当的通话时间

选择适当的通话时间不仅要考虑到白天和晚间的时间段,还需要结合受话人的工作和生活习惯。同时,要注意不要在受话人的午休时间、会议时间或其他事务繁忙的时间打电话,以避免打扰对方的工作和生活。

通常,给单位打电话时,不要在快下班或刚上班两个时间。给个人打电话最好在上午八点以后,晚上十点之前,如果是节假日则应在上午九点以后。

2. 提前准备通话要点

提前准备通话要点有助于在电话中更清晰地表达自己的意图和能力,确保有效的沟通。首先确定自己想要在电话中表达的重点和顺序。例如,先说"你好",然后确定对方是否是自己想要联系的对象。确定之后进行自我介绍,并表达对该职位的兴趣,然后询问是否适合该岗位。

在通电话前准备好与通话内容相关的资料,在需要时可以方便地提供或引用。每次通话时间一般以 3—5 分钟为宜。

3. 讲究通话的方式

在通话中讲究适当的方式可以给人留下良好的印象和展示自己的专业素养。在电话中应使用礼貌用语并控制语气和语调。

在通话中,保持谦虚和礼貌的态度非常重要。语气温和、自然且富有表现力,可以传递出自信和专业的态度。语言简洁明了,避免冗长和模糊的表达,确保对方能够听清所传达的信息。

4. 注意倾听

注意倾听对方是有效沟通的重要环节。在电话中,全神贯注地聆听对方的发言,并尽量避免分心或干扰。集中注意力,确保不遗漏对方重要的信息和要点。如果有需要,可以在通话中边听边记重要的内容。这样能够记录关键信息,并在需要时方便回顾和参考。合理地回应对方的发言,如适度附和、重复对方的要点或提出问题以进一步澄清。尽量避免在对方讲话时打断或中断,以示尊重和专注。等待对方完成发言后,再表达自己的观点或提出问题。通话结束时,要用礼貌的方式道别，如说"再见"或"谢谢"，并等待对方的回应后再挂断电话。

（二）书信求职

书信求职是指通过递送自荐材料的形式向用人单位宣传、展示和推销自己。自荐材料可用直接或间接的方法递送给用人单位。

（三）广告求职

广告求职是指借助传播媒介进行自我推销的形式，这主要是借助有关部门或人才杂志和报纸。部分有特殊专长的毕业生采取这种方式会收到意想不到的效果。

（四）网络求职

网络求职是指通过互联网向用人单位进行自荐来推销自己的一种方法。它的功能是其他传播和沟通工具不可比拟的。这种方法已逐渐被毕业生采用，它的优点是可将自荐材料及照片发布至网络平台，传播广泛而且层次较高，供需双方可在网上及时交流和沟通，成本相对较低。

（五）参加人才招聘会

毕业生主动去人才招聘现场，直接向用人单位介绍自己、"推销"自己也是进行自荐的一种方法。如果毕业生表现出色，便有可能获得进一步接触甚至现场录用的机会。

参加大型招聘会注意的事项如下：

（1）确定正确的定位。在参加招聘会之前，要对自己进行准确定位。评估自己的能力、技能和经验，确定适合的职位和行业，并在准备简历和自我介绍时凸显这些方面。根据求职意向，准备多份简历，确保简历能够清晰地表述工作经历、技能和优势，并注明联系方式，便于用人单位与自己取得联系。

（2）尽量避免携带过多的证书原件到招聘会现场；要充分利用招聘会的会刊了解参会单位及用人信息和条件；要着装得体，保持良好的个人形象，争取良好的第一印象；阅读招聘单位列出的条件时，不要感到过度担心或失去信心；要充满自信，敢于陈述出自己的条件和职业愿望，展现自己能很快适应工作的自信心和能力。

（3）会后及时与用人单位联系。在会后的两三天内，可以通过邮件、电话或社交媒体等方式，积极主动地与感兴趣的用人单位进行联系，表达对该职位的兴趣，不要被动等待。

（六）学校推荐

这是目前大多院校毕业生求职择业的一个主要途径。它实际上是一种间接的自荐方法。

（七）他人推荐

他人推荐是指利用老师、校友、亲朋好友或社会关系的推荐而达到自我推荐目的的一种推荐方法。

二、掌握自荐的技巧

（一）自我介绍的技巧

1. 积极主动

求职时的自荐需要的是积极主动的精神，"等、靠、要"的想法是不可取的。在了解到需求信息后，要尽早准备好自荐材料，包括自荐信、个人简历、工作样本等。不要等待对方索要自荐材料，而是主动呈交。通过主动行动，能够更早地引起招聘官的注意并加强对职位的竞争力。

在面试或面谈中，不要等待对方提问，而是主动介绍自己的背景、能力和经验。在提交自荐材料或面试后，不要消极等待回音。可以主动向招聘官或面试官询问进展情况或下一步的安排。在求职过程中，保持积极的态度非常重要。通过积极的言行和表现，传递给招聘官一种对职位的热情和专业素养。

2. 重点突出

在介绍自己的情况时，要详细介绍和突出自己的专长和经验。要重点介绍所具备的关键能力和技能，尤其是与目标职位相关的能力。在介绍自己的情况时，可以突出对所申请职位或行业的兴趣和热情。要使用具体的例子和事实，突出自己的优势。这样可以更加有说服力地展示能力和实践经验。在介绍自己时，要避免过分谦虚，而是要诚实、自信地展示自己的优势。过分谦虚可能导致招聘官无法全面了解个人的能力和成就，从而影响录用机会。

3. 诚实全面

来自招聘单位的信息表明，刚出校门的大学生"美言"自己的占比较高。原因是学生为了争取一份工作，往往不惜"夸大其词"，否则就感到不能脱颖而出；学校也不希望自己的学生找不到工作，在推荐意见一栏里总是写好话。但是满纸"美言"很有可能被用人单位看作满纸"谎言"，反而不利求职者顺利找到工作。

4. 有的放矢

在求职过程中，有的放矢非常重要。根据用人单位的具体要求，针对性地介绍自己的专业能力和经验，对于提高自己的竞争力非常有帮助。在介绍自己的情况时，要根据用人单位的具体要求有针对性地展示自己的特长和能力。如果招聘的是管理人员，可以强调自己的学生干部经历和组织管理能力等内容；如果是文秘人员，就应该重点呈现写作和编辑能力或文史哲知识等内容；如果是科研人员，与其展示自己的语言才能，就不如介绍自己的学业成绩和科研成果来得实在。除了突出自己的专业所长外，也应该介绍自己的广泛知识面和兴趣爱好。

自荐的个人简历，不能设计得太烦琐和没针对性。由于人事工作较为繁杂，一般人事主管都较忙。有人统计过，人事主管看完一份简历平均时间是 1.4 分钟。因此，自荐的简历要简明扼要，要针对所应聘的不同目标岗位在简历中有重点地展现自己不同的特长和能力。简历一般采用表格的形式，长度最好是一张 A4 纸的篇幅。

（二）获得用人单位好感的技巧

1. 谦虚谨慎

在向用人单位推荐自己时，过高地评价自己可能会给对方留下不真实或夸大的印象。因此，在向用人单位推荐自己时，要真实、谦逊、基于事实评价自己。

要以谦虚的态度展示自己的能力，以委婉的语言提出建议。

2. 自信大方

极端羞涩和过度自卑在求职过程中是不明智的选择。一个对自己缺乏自信的求职者，很难让用人单位对其产生信任和认可。在自荐过程中，展示自信和自尊至关重要，清晰、有力的声音能够传达出自己对自己的信心和对所求职位的热爱。另外，举止从容也是体现自信的重要方面。求职者应当避免极端羞涩和过度自卑，而应通过声音洪亮、举止从容、眼神坚定等方式展现个人自信。只有这样，用人单位才能对求职者产生信任，从而提高录用概率。在求职道路上，自信是成功的基石，只有充满自信的求职者，才能在激烈的竞争中脱颖而出。

3. 文明礼貌

礼貌的言谈举止是表达这种礼待的基本方式。礼貌的言谈举止能够彰显一个人的教养和修养，这不仅表明一个人的尊重和关注他人的态度，同时也是对自己的一种尊重。在与他人交往中，礼貌的言谈举止可以营造和谐的氛围，促进沟通的顺利进行，彰显出一个人的亲和力和信任感。因此，大学生应该始终保持礼貌的言谈举止，尊重他人，关注他人的感受，注重维护良好的人际关系。通过以礼待人，能够赢得他人的好感。

4. 认真细致

在职场中，办事认真细致的职员总是受到各个用人单位的青睐。一个优秀的职员不仅需要具备扎实的专业技能，还需要养成良好的工作习惯，而这一点往往通过细致的办事能力得以体现。在进行自荐材料撰写时，注意文字书写工整、无涂改痕迹，准确无误地使用标点符号，避免错别字，用词恰当，文句通顺，这些都是表现办事认真细致的重要途径。

第二节　大学生求职的技巧

由于互联网具有超越疆界、兼容多种文字及快速、即时、信息量大等特点，所以自问世以来，其影响范围越来越广，已深入社会的每个角落。如今，越来越多的用人单位已经把人才招聘网站作为开展工作的主要平台，同时，人才招聘网站也成为大学生获取就业信息和求职的又一重要途径。因此，大学生要重视利用网上招聘信息，把自己的简历上传到相关网站的人才库中，通过发送电子邮件投递简历给感兴趣的用人单位，争取更多的就业机会。

一、网上应聘与求职网站

如今，网络已经非常普及，上网已成为十分容易的事。各高校都建立了自己的网站，只要申请相应的账户，大学生就可以通过校园局域网上网求职，与用人单位实现网上供需"见面"。

（一）网上应聘

所谓网上应聘简而言之就是指毕业生通过各种招聘网站和求职平台，将自己的应聘材料上传到平台上，同时了解当前社会和职业市场的需求和趋势，主动找到感兴趣的职位，获得与用人单位进行面试和沟通的机会，从而获得就业岗位的过程。网上求职应聘与在一般人才市场上求职应聘的不同之处主要表现在以下几方面。

1. 打破了时空限制

自大学生就业制度改革以来，为了能使广大毕业生都能顺利就业，各级政府及高校每年都要举行不同规模的大中专生和研究生人才交流会，这些交流会联系了众多的本地和外地的用人单位，为广大毕业生提供了大量的职业需求信息。但是，这些交流会都有一个共同点，就是召开的时间一般都集中在每年的12月左右，而且次数也非常有限。

而网上求职应聘就不同了，通过互联网，毕业生就可以随时去"游"全国各地的人才网站，收集各个城市、各类上网单位的人才需求信息，不受时间和空间的限制，如发现适宜的职位，就可以立即投递简历应聘。

2. 信息发布准确、及时、快捷

随着科学技术的发展，社会的进步，人们的工作节奏越来越快，为了提高工作效率，许多用人单位直接或委托有关人员，在网站详细注明所需人才的要求，如专业技能、学历层次、年龄性别等，对联系地址（网址）、负责人也有详细说明。因此，网上职业信息比较准确，同时，各网站都定期在短时间内（5 天或 1 周）对网站上的内容进行更新，以确保信息传播的及时、快捷。

3. 信息量大

目前，我国已有上百个中文网上招聘站点，所发布的职位需求信息成千上万，有的网站一次公布的招聘职位就达数千个，用人单位达数百家。毕业生不仅在网上可以收集到大量、具体的有效职位信息，而且还可以同时了解到用人单位的业务介绍、经营状况、员工结构、教育培训等有价值的资料。这些资料往往在单位的网页上有所体现，但在常规的人才交流市场却很难得到。

另外，毕业生还可以在网上看到其他同类求职者的资料，可以与自己的进行比较，取长补短，这也是其他人才市场所无法比拟的。

4. 市场中买卖双方的双重性

只要有市场，就有买卖双方，人才市场也是一样的。通常在人才交流市场都是由用人单位充当买方，而毕业生投递材料推销自己则成为卖方。但在网上人才市场就不一样了，用人单位和毕业生都既是买方，又是卖方，是机会均等的关系。具体体现在：一方面，用人单位在网上公布需求信息，毕业生同时也在网上公布择业信息，二者都是卖方；另一方面，用人单位在网上寻求适当的人才，毕业生也同时在网上寻找理想的职业，二者又都成为买方。这种买卖的双重性，十分有利于信息的快速交换，使用人单位和毕业生都能有更多的相互选择的机会，从而成就各自的心愿。

5. 所需费用低

我国现行的就业政策越来越有利于人才的流动，毕业生在网上择业只需花费一定的上网费（或市内交通费），既省钱，又省时和省力。

（二）求职网站

通常用到的求职网站主要有招聘网站、公司网站和高校就业网站等。

1. 招聘网站

招聘网站上有成千上万的招聘信息，大学生要充分利用网络优势，上网查询有关就业信息，投递简历（也可以在线填写简历）。在这一过程中，大学生可以订阅电子邮件定期获取最新的职位信息，还可以了解更多的就业政策及获得有关的就业指导。

（1）综合性的求职网站，如中华英才网、前程无忧网、智联招聘网等。

（2）门户网站，如SOHU的招聘专版。

（3）行业网站，如建设部人力资源网、中国水利人才网、中国化工人才网等，是专门为本行业的人才或愿意到该行业工作的人才求职提供服务的。

2. 公司网站

公司网站是公司根据自身需要在互联网上建立的网站，并且现在许多公司都越来越重视建设企业主页。大多数公司除了介绍企业文化和产品外，还随时发布公司的招聘信息。因此，如果对某公司情有独钟，不妨定期到公司的主页上去浏览一下，一方面可以了解企业的发展动态，另一方面也可以及时掌握企业在网站上发布招聘信息外。

3. 高校就业网站

现在各高校都建立有自己的就业网站（校园网站），学校就业指导机构在上面发布有大量的招聘信息，这些信息针对性强，实用、可靠，成功率高。因此，大学生应经常浏览学校的就业网站，以便及时获得自己需要的就业信息。

二、网上应聘的准备工作

大学生要想在网上实现成功求职，也要做一些必要的准备，就像在线下去找工作一样，在行动之前要调查一番，在去之前还要打扮一下。通常情况下，网上应聘的准备工作主要有以下几点。

（一）明确自己的求职目标

在求职前，明确自己的求职目标就是做到知己知彼，对自己进行全面、客观的评估，了解自己的兴趣、价值观、技能和经验等方面。这有助于确定真正感兴趣和擅长的领域，以及适合的工作环境和文化。

了解自己所学专业，并通过参与实习或社会实践，接触实际工作环境和岗位，了解实际工作的内容和要求。这有助于更好地评估自己的职业兴趣和适合性，从而明确自己的求职目标。浏览招聘网站、与校友或行业从业者交流，搜集有关招聘信息和岗位要求，从而更好地明确自己的求职目标。除了考虑自己的兴趣和能力，还要考虑就业地区和行业需求。了解就业市场的情况，以及哪些地区和行业对你的目标职位有更多的机会和需求，从而确定求职目标和范围。

（二）准备一份个人简历

个人简历在网上应聘中起着至关重要的作用，它是用人单位了解应聘者的主要手段之一。那么应聘者应如何设计网上求职的个人简历呢？以下一些技巧可供参考。

（1）如果想让简历在视觉上有较为明显的辨识度，使用一些特殊符号（如星号、特殊字母、加号等）作为内容分隔符，可以起到一定的效果。

（2）对于简历，用正确的字号和字体非常关键。选择正式和容易阅读的字体，控制字体大小和行距，使文本具有明显的结构，并减少外观的混乱。

（3）在用文档编辑器创建简历时，可以在页面设置中设定页边距。为了避免文本错误换行，可以利用一个理想的文本宽度来设计简历。通常，将文本宽度设定在16厘米左右是比较合适的。这样设置可以让简历在各种电脑显示器和打印机上的显示效果都很好。

（三）其他准备

毕业生到网上应聘除了做好上述两项准备外，还应做到以下两点：

（1）在网上应聘中，电子邮箱是必不可少的工具。大多数用人单位和招聘平台都使用电子邮件来发送招聘信息、安排面试、提供工作机会等。因此，在网上应聘之前，确保已经拥有一个可靠且经常查收的电子邮箱。

（2）要准好纸笔。网上应聘过程中，要在不同的招聘网站注册账号和提交应聘材料。为避免忘记登录信息，在进行网上应聘之前，准备好纸笔随时记录下所使用的网站名称、用户名和密码。这样可以方便在后续登录和管理账户时节约时间和精力。

三、网上应聘技巧

（一）要注意关心就业政策

毕业生在初步确定求职地域后，要注意当地的人事政策。在许多政府人事网站上都有"政策法规"栏，对于应届大学毕业生的就业政策、户口迁移等相关内容，要有一个大致的了解。

（二）要注意及时联系、保持联络

1. 及时联系

想要成功地获得一份工作，及时联系和保持联络是至关重要的。因为招聘职位的空缺是有限的，所以招聘信息通常具有时效性。因此，当发现符合自己条件的职位时，不要犹豫，要立即采取行动并尽快与招聘方联系。许多招聘单位都提供了 E-mail 地址和联系电话，因此，就要尽快选择适当的方式发送简历，以提高获得面试和录用的机会。

2. 保持联络

如果隔了一段时间没有任何通知，可以打电话到招聘单位去询问情况，这样可以表现出对应聘这个职位的诚意。如果招聘单位给了面试的机会，在面试完后，一定要写信或发 E-mail 表示感谢，说不定因为这封感谢信有助于在 HR（人力资源）心目中增加许多好感，也为下次联络奠定基础。

（三）要善于积累网站、整理信息

1. 积累网站

当找到理想的求职网站时，将其添加到浏览器的书签栏或收藏夹非常方便。这样，下次想要访问这个网站时，只需点击一下书签或收藏夹中的链接，就能快速打开该网站。否则，面对众多的求职网站，浏览时会感到无从下手。

2. 整理信息

在网上应聘的过程中，求职者通常会浏览许多职位信息，而这些信息可能分布在不同的网站上。为了有效记录这些信息，并更好地管理和利用。浏览职位信息时，尽量及时记录下有关信息，以便更好地管理和追踪进度。

对于记录信息的方法，可以根据自己的习惯和实际情况选择不同的方式，如使用笔记本记录或者使用计算机上的软件工具写字板或 Word 等。对于填写了个人信息和密码的网站和单位，最好将其记录在一个安全的地方，并妥善保管，以免忘记。

（四）关于订阅邮件和友情网站

1. 订阅邮件

有些招聘网站会提供求职者订阅邮件信息服务，通过电子邮件向求职者发送最新的职位信息和招聘动态。这种服务使得求职者无需频繁登录网站，只要在家里打开电子邮件信箱就能及时获取最新消息，提供了方便且快捷的方式。因此，如果网站上有可订阅的求职信息邮件，可以选择订阅适合自己的职位种类。

2. 友情网站

在许多求职网站上，"友情链接""友情网站"或"其他网站"这些专栏中都会列举一些与求职相关的站点。虽然这些网站通常没有被广泛推广，但它们可能包含很有价值的信息，因此值得求职者去了解。

（五）网上应聘注意事项

网上应聘和网上招聘已成为人才供需"见面"的又一重要方式，上网求职的人数越来越多，有成功的，也有失败的。那么大学生在网上应聘过程中的注意事项有哪些呢？

1. 要注意不要四处上传简历

毕业生在网上应聘时，要在专业的网站上发布简历，一定不要四处上传自己的简历。四处上传简历，可以增加被用人单位看到的可能，但有一些网站的简历库可以被人随意浏览，应聘者则需注意随意上传简历可能带来的风险。

2. 要注意不要把简历贴在附件里发给招聘单位

随着计算机病毒的肆虐和安全风险的不断上升，许多招聘单位开始对邮件附件产生警惕。这对于求职者来说，无疑增加了一种挑战。在这种环境下，如何更安全、可靠地展示自己的简历，成为一个值得关注的问题。病毒和恶意软件的威胁让招聘单位会对附件产生抵触。因此，将简历直接贴在邮件正文或申请表的后面，而不是作为附件发送，显然是一个更为明智的选择。

3. 要注意避免操作中的失误

"耐心和细心"是事业成功的公式之一，对大学生在网上求职也是同样适用的。有许多上网求职的毕业生前期准备工作做得非常好，但因在具体操作中甚至是后期工作时，耐心度和细心度不够，导致网上求职失败。如有的毕业生在网上粘贴求职材料时，输入口令怎么也想不起来了，造成无法修改已发布的求职材料，想要重发，又担心前往浏览的招聘单位觉得自己缺乏细心，最后自己只好作罢，而失去一次择业机会。

4. 要注意不要在网上迷失方向

互联网就像一个万花筒，毕业生往往会在上面迷失方向。一定要保持清醒的头脑，时刻牢记上网的目的是求职应聘，不要去看与求职应聘无关的内容。在网上寻找工作时，应聘者很容易被各种有趣的内容和链接吸引，从而分散注意力，进而浪费大量时间和精力在其他内容上，影响找工作的效率。

5. 要注意不要在同一家公司应聘数个职位

毕业生在应聘时应当注意不要在同一家公司同时申请多个职位。如果同时申请多个职位，可能会给招聘人员和公司老板造成混乱。不同的职位需要不同的技能和背景，同时申请可能会让招聘人员无法确定到底适合哪个职位。另外，可能会给招聘人员和公司老板留下没有专注于特定职位的印象。

6. 要注意不要把所有希望都放在网上求职上

尽管互联网求职成为现代求职中更为便捷且受欢迎的方式之一，但是要意识到，求职方式很多，网上求职只是求职方式之一，不能是唯一选择。要寻找不同的求职选择和机会，使用多种渠道和方法来寻找工作，在互联网求职的同时，也要积极利用其他传统求职方式，以增加获取职位机会的可能性。

四、其他求职方式的技巧

(一)参加校园招聘会

积极参加招聘活动是成功求职的关键。事前要详细了解招聘活动的组织形式,对相关招聘单位在面试时可能提出的问题进行认真的准备,这样才能在求职活动中做到有备无患,应付自如,增加成功机会。

1. 参加招聘会是求职成功的关键

招聘会是一种用人单位和求职者双方在同一时空直接进行交流洽谈的集市招聘形式。招聘会的最大优点是,可以在一个比较集中的环境中提供丰富的职业信息,使求职者更容易找到有关工作的信息并了解求职市场的最新动态。求职者可以直接与用人单位进行面对面交流,了解企业的需求、要求和招聘计划,而企业可以通过实际的面试和能力测试获取更全面的求职者信息,协助企业更快地选择最适合的候选人。招聘会提供的机会更多,如果求职者可以把握好机会,广泛地了解市场和行业信息,不仅可以找到适合自己的职位,也可以加深用人单位对自己的印象,提高成功率。

在参加现场招聘会时,如何在人山人海中引起用人单位的注意,关键在于求职者是否有那种毛遂自荐的勇气和胆识,不放弃任何一个机会,做好准备,给面试官一个挑选自己的机会。

2. 参加招聘会的注意事项

毕业生在参加就业招聘活动的过程中要注意以下几点:

(1)及早进入招聘市场,以便了解和掌握市场的信息和行情,更好地寻找和适应职业和工作机会。

(2)不要让家长或朋友陪同参加招聘会,以免给用人单位留下"缺乏独立性"的印象和影响。

(3)保持良好的心态和精神面貌,表现出自信和决心。

(4)在招聘会上有条理地安排自己的交流和个人推销,先对各个用人单位进行了解,然后确定想要应聘的单位,之后依次进行交谈,展示出个人的优势和能力。

(5)注重言行举止和形象塑造。毕业生在求职过程中,要学会必要的礼仪规范和沟通技巧，巧妙地展示自己的优势。在面试中，除了介绍自己的基本信息和特长外，还要注意倾听面试官的问题，并给出有针对性、有深度的回答。这样既能展示自己的沟通表达能力，又能表现出自己的关注点和诚意。此外，在谈论薪资待遇时，毕业生应保持低调。过多地关注薪资可能会让面试官觉得过于功利，不利于树立良好的形象；相反，如果能够从企业发展的角度出发，提出一些关于职位的设想和建议，将更容易获得面试官的青睐。

（6）留下必需的资料。在求职过程中，留下必需的资料是非常重要的环节。当参加面试时，如果单位不能当场签约，那么尽量为应聘单位提供一份精美的自荐书和简历等材料，以给招聘人员加深个人印象，因为接下来可能会进行第二轮面试或考核。

（7）签约务必谨慎对待。毕业生就业协议书是一种具有法律效力的就业合同，对毕业生和用人单位都具有约束力。因此，毕业生在签约前应当对单位的基本情况进行充分了解，以确保自己的权益得到保障。

（二）参与事业单位招聘

1. 外在形象要阳光稳重

在结构化面试过程中，考生要在短短的面试时间内，全面展示自己的优势，考生的仪态和仪表在此过程中起着重要的作用。

（1）表情和行为技巧：保持微笑和自信的表情，在与工作人员交流时要注意礼貌和友好。注意保持整洁，避免蓬乱的发型。当进入面试候考室后，可以注意环境卫生，根据需要主动帮忙清理。进入面试室后要主动向考官问好，并保持微笑和积极的姿态。在聆听主考官的引导语时，要注重注意力，示意对主考官的关注和理解。面试前的几秒钟非常重要，考生可以展现出自己的从容和灵活性。应对考官的指示，积极配合，保持微笑和礼貌。

（2）着装技巧：根据时下季节、天气选择适合场合的合身、整洁的服装，男生可以选择正式的西装、黑色袜子、黑色皮鞋、领带和白衬衫，女生可选择套装或合身的裙子搭配合适的鞋子和袜子。避免过于张扬的颜色和过于紧身或暴露的服装。

2.面试审题方法及时间运用技巧

考生需重视审题环节，正式面试计时开始。充分利用2分钟审题时间，列出答题提纲。审题严谨能够增加评委对自己认真细致的印象。

（1）列出回答问题的重点。例如，在进行自我介绍环节，可以对自己的特长、优势、劣势等方面进行罗列。招聘者可通过应聘者对自身优劣的介绍，了解应聘者的基本素质，同时对考生自信与否有所掌握。在进行作答时，应聘者要结合岗位要求和自己的优劣、特长进行阐述。特长部分应该根据岗位和单位特点进行回答，重点介绍与职位相关的专业技能。

（2）列出答题逻辑有利于应聘者对问题的回答。审题环节可以帮助应聘者确定回答问题的逻辑顺序。例如，对于涉及设计调研方案的问题，可以按照明确目的、列出任务、安排人员并分工等逻辑顺序来展开回答。这样的回答结构清晰，有利于招聘者理解和评估应聘者的思路和能力。

3.注意语言表达技巧

在结构化面试中，考生需注意审题并清晰表述问题。回答问题时，避免使用模糊词汇，如"可能""大概"，而应使用"为主""主要"等词汇。说话速度适中，对于熟悉的问题可以多答，遇到不熟悉的问题可运用答题套路，避免直接表示无法作答。面试是锻炼的机会，要想展示自身学识，需长期积累并注重技巧。在短暂的面试时间里，将自己的能力与学识合理的展示出来，就是一次成功的面试。

第三节　大学生笔试的技巧

大学生对笔试并不陌生，但应注意求职择业过程中的笔试与在校期间课程考试之间的不同之处，应做好笔试的准备工作，掌握笔试的方法和技巧。

一、笔试的作用及种类

笔试是用人单位对应试人员的一种考核办法。

（一）笔试的作用

笔试的作用主要体现在以下几个方面：

（1）笔试的记录可以作为求职者能力的档案记录，同时也能够防止任人唯亲的情况发生，在招聘过程中笔试能够使每位应聘者获得更加客观公正地评价。

（2）笔试结果是根据标准答案评定而来，因此得出的分数有利于客观地对求职者进行排名和比较，结果更可靠、真实，使招聘过程更加公平。

（3）试卷，作为决定求职者去留的"法律文本"，在招聘过程中发挥着至关重要的作用。科学和客观地评价求职者的能力，是试卷的核心使命。在这个过程中，笔试环节显得尤为重要，它有助于用人单位更准确地测试求职者的能力，进而作出合理的决策。

（4）笔试从多个方面考察了求职者的综合能力，包括书写态度、文字表达能力、专业知识和基础知识。这种有据可查的测试为用人单位提供了一个相对客观的衡量标准，有助于全面了解求职者的能力和素质。

总之，笔试在招聘过程中的作用是不可忽视的，作为了解求职者综合能力的一种重要手段，笔试对于用人单位来说是一种有效的筛选方式，对于求职者来说是一次公平竞争的机会。

（二）笔试的种类

常见的笔试种类主要有以下几种。

1. 专业考试

专业考试的核心目标在于精确评估应试者的实际能力和专业素质，确保其具备从事相关专业的资格和能力。通常情况下，用人单位会借助学校提供的求职者的自荐材料、成绩单、推荐表，来初步了解其基本能力和资质。

然而，对于一些特定单位，特别是那些对人才需求较为特殊的单位，仅凭这些材料还不足以为其提供全面而深入的评估。因此，这些单位往往会进一步采用笔试的方式，对应试者进行更为细致的文化专业知识的考核。这种考试方式，在当下的人才选拔中越来越受到用人单位的青睐和追捧。

2.心理和智商测试

心理测试在招聘过程中发挥着重要作用，为评估求职者提供补充信息，助力用人单位全面了解求职者，从而作出更明智的招聘决策。作为一种标准化量表或问卷评估方法，心理测试能够衡量个体的心理状态和性格特点。其中，智商测试作为心理测试的一种，其结果反映了求职者的智力水平、认知能力以及解决问题的能力。这类测试通常被跨国公司所采用，因为这些公司更注重毕业生的素质而非所学专业。

3.技能测验

技能测验主要考查毕业生的实践能力和动手能力。这里的技能包括但不限于英语、计算机等技能。计算机操作能力和英语能力是现代职场中最为基础和普遍要求的技能之一。此外，对于特定职业领域，比如财务会计、法律实务、驾驶技能等，用人单位也会对毕业生的相关专业能力有一定的要求。

4.命题写作

无论是内部交流还是对外沟通，都需要书面文档来准确地传递信息、表达观点、汇报工作以及作出决策。因此，一些用人单位会通过命题写作的考核来了解应聘者的综合能力。这种形式的考核通常模拟职场中常见的文书撰写任务，如限时完成请示报告、会议通知、工作总结等内容的撰写。用人单位通过该形式的考查了解应试者的文字表达能力、逻辑思维能力以及分析归纳能力。

二、笔试前的准备

求职过程中的笔试不同于学校平时的考试，用人单位的出题方式远比学校灵活多样。在参加笔试之前，毕业生应当针对不同笔试类型适当地做一些准备，以便充分发挥自己的水平，争取好成绩。

（一）了解笔试内容，做到心中有数

笔试的主要内容包括基础知识和专业技能，以及与专业知识招聘单位有关的某些知识和技能。对于不同的考试，毕业生应在考前进行详细了解，并作出相应的准备。对于没有明确的参考书目的用人单位的笔试，一般笔试范围较大

且相对较灵活，此时可以根据用人单位的情况查阅相关资料进行准备。对于有明确的考试范围的笔试，可以针对考试内容进行专项复习。毕业生应该注重平时的广泛学习和知识积累，通过吸收各种信息，提高自己的综合素质。了解考试范围并做好相应的准备，以及广泛学习和积累知识，都是取得好的考试成绩的重要因素。

（二）掌握复习方法，进行认真复习

对笔试做准备的一种重要的方式，就是对已学过的知识进行有效的复习。大学期间学习的专业知识精深繁多，掌握有效的复习方法，可事半功倍。

1. 掌握技巧

用人单位比较重视考核应试者对所学知识的应用能力。因此，应试者在复习的过程中，要理论联系实际，注意用理论知识解决实际问题，学以致用；把与招聘职位相关的各方面知识进行认真梳理，以便全面把握；注意提纲挈领，掌握重点，提高效率；在平时就应广泛阅读相关知识，扩大知识面，提高阅读能力，以备应试时能应付自如地回答各类问题；提高阅读和答题速度，以应对考试中的题量过大的情况。

2. 计划周全

在笔试前应制订一份合理的、具体的、切实可行的复习计划，安排好复习的内容，合理利用时间。

首先，要分析考前复习的情况，如要复习的内容量、当前所剩可用于复习的时间有多少、个人已经掌握知识情况等。

其次，制定总体复习目标并便分配复习内容与时间。为提高学习的效率，确保复习计划中的活动多样化，各科目的复习交替进行。因此，除了总体复习目标外，还应该设置阶段性的目标，并制订出每个阶段需要达到的目标和每科复习的内容。

在复习过程中执行力非常重要，一旦制订了复习计划，就要严格执行，为提高复习效率，可以采用限时量化的复习方法。

此外，要注意劳逸结合，疲劳会影响复习效果，确保有充足的精力来执行复习计划。因此要有规律的休息时间，避免因过度疲劳导致身心俱疲。

3. 方法得当

在复习过程中，可以根据个人学习习惯和需求，选择适合自己的记忆方法，并结合实际情况进行灵活运用。

（1）串联建构法：串联建构法是通过对章节、单元等进行串联和整理，找出难点和重点，并在整体复习后再次串联整个知识体系。通过这种方法可以更全面地掌握知识，从整体上理解和把握知识。

（2）系统排列法：系统排列法是通过对知识进行归纳提炼和分类，按照一定的规律进行系统排列。通过这种方法可以找出知识点之间的联系和关系，更好地理解和记忆知识。

（3）归纳提炼法：归纳提炼法是通过简明的表格、提纲或几句精炼的语言，将被归纳提炼为基本理论的大量知识表达出来。通过这种方法，可以深入思考知识之间的联系和衔接。对于容易混淆的概念或法则，可以使用对比的方法进行辨析。

（三）熟悉考试环境，做到有备无患

熟悉考试环境，首先是了解考场的设置情况，如自己所在的考场大小和空间位置、考场里面的装饰及采光等方面的情况，重要的是要弄清自己座号的具体位置。其次，还要熟悉一下存包处及卫生间等地方。对于应试者来说，不仅要熟悉考场环境，还应熟记考场规则，并将每场考试的起止时间、作答要求等重要事项牢记于心。

（四）保持良好的身心状态

求职笔试不同于高考，但却是用人单位挑选招聘人选的重要参考。参加笔试需要良好的心理素质。临考前，一是要正确评价自己，树立自信心，调整好心理状态；二是适当参加一些文体活动，以放松使高度紧张的大脑；三是保证充足的睡眠，以保持充沛的精力，使思维更活跃。

三、参加笔试的注意事项

笔试成绩的高低，不仅与自己的实际水平和考前复习有关，还与自己的答题技巧有关。参加笔试时应注意以下几点。

（一）增强自信心

笔试怯场，这是许多人在面对考试时都会遇到的问题。怯场的原因有很多，但最主要的是缺乏自信心。当一个人对自己的能力缺乏信心时，就会感到紧张和不安，进而影响自己的表现。

克服笔试怯场的关键是了解自己的实力和优劣势，相信自己的能力。求职应聘考试机会不只一次，因此，在面对考试时，不要把结果看得太重。考试前适当放松心情，调整好精神状态去应试。

（二）掌握科学的答卷方法

试卷到手后，首先要全面浏览全篇，对题目的难易程度和数量进行总体把握，以便合理规划答题时间。随后，按照题目难易程度进行排序，从易到难逐步进行解答。在答题过程中，要注意保持适当的行距，字迹清晰。最后，要留出一定的时间对答过的题目进行复查。因为求职笔试不同于其他专业考试，有些题目并没有明确的答案，认真的态度、细致的作风、新颖的观点则会大大增加被录用的可能性。

第四节　大学生面试的技巧

学习和掌握面试技巧，做好充分准备，对于应对面试这一难关是非常重要的。

一、面试的形式和测评

面试的目的主要是考核求职者的动机与工作期望；考核求职者仪表、性格、知识、能力和经验等特征；考核笔试中难以获得的信息。

（一）面试的形式

依据面试的内容与要求，面试的形式，大致可以分为以下几种。

1. 问题式面试

招聘者根据提前准备好的提纲，向应聘者提出一系列与岗位或应聘者相关的问题。应聘者对问题的回答，能够展示其知识和解决问题的能力。通过一系列的问答，招聘者可以更加直观地了解求职者在实际工作环境中的表现和能力。通过这种方式，招聘者可以获得有关应聘者能力和潜力的第一手资料。

2. 压力式面试

压力式面试是一种用以观察求职者在特殊压力下的反应、思维敏捷程度及应变能力的面试方式。在这种面试中，招聘者会对求职者提出连续的深入问题，甚至对求职者提出挑战性的情景和假设，并观察求职者在压力下的表现。这种方式旨在考察求职者应对紧急情况、解决问题的逻辑思维能力、应对能力、沉稳度。

3. 随意（自由）式面试

招聘者与求职者进行非结构化的闲聊是一种常见的面试方式。在这种方式下，双方可以自由发表言论，没有严格的问题限制和答案要求，气氛轻松活跃，让双方更自然地展现自己。这种方式的目的是通过观察应聘者在闲聊中的气质风度、知识、言谈举止等方面来进行综合素质考查。招聘者可以通过闲聊了解应聘者的沟通能力、思维逻辑、自信度、人际交往能力、问题解决能力等。

4. 讨论式面试

讨论式面试近来成为许多企业偏好的一种面试形式。即一组应聘者围绕一个问题进行讨论，面试官根据每个面试者的表现和结果选择录用对象。该方式可使应聘者更自然地展示自己的性格和能力。

在小组讨论中，应先给应聘者一个机会进行自我介绍和主题演讲，以展示个人能力和表达能力。接下来，共同讨论一个问题或进行集体游戏，以考察应聘者的团队合作能力和解决问题的能力。在进行讨论时，团队合作能力和个人能力同等重要，所以应聘者需要注意团队效果和个人表现之间的平衡，避免只关注自己的表现而忽略了小组其他成员的参与和观点。应聘者不应急于打断别人的发言或在别人发言时只顾整理自己的发言提纲。

5. 情景式面试

情景式面试的目的是评估应聘者在实际工作中处理问题和迎接挑战的能力。在这种面试中，招聘者会提出一个问题或计划，并预先给出具体场景，要求应聘者结合所给情景或问题，进行分析和思考，然后给出相应的回答或行动方案。

6. 综合式面试

招聘者会通过多种方式来考查求职者的综合能力和素质。如要求求职者进行即兴演讲，以考查其口才表达能力、逻辑思维能力和应变能力；要求求职者进行即时作文或书面表达，以考查其文字表达能力和语言组织能力；要求求职者进行电脑操作，以考查其在特定软件或任务上的操作能力；或用外语与求职者进行交谈，以考查其外语水平和口语交流能力等。

7. 隐蔽式面试

隐蔽式面试是一种比较特殊的面试形式，在这种面试中，招聘者通常不会直接询问问题，而是通过观察应聘者在实际场景中的表现来评价其素质和能力。这种方式的优势在于可以更真实地观察应聘者的表现，从而对其综合素质作出更客观的评价。

对于缺乏经验的应聘者来说。由于这种面试形式隐蔽，缺乏经验的应聘者可能会在不知情的情况下产生不够理想的表现。这种情况下，应聘者可能会因为缺乏了解面试的真实形式而错失机会，或者在面试后并不清楚自己的表现和失败原因。

所以，要特别提醒的是：在面试场外，不要以为考官不在场，就可对身边发生的一些事情视而不见，要知道机遇也许就蕴藏其中。当然，要做到这一点，最根本的是大学毕业生在平时就要不断提高自己的综合素质和修养，不但要学好如何"做事""做学问"，更重要的是要学会如何"做人"。

无论面试的形式怎样变化，目的只有一个：考察应聘者的专业知识背景、智商、情商、仪表、气质、口才和应变等综合能力。可以说，面试是对一名毕业生进行综合素质测试的考场。

（二）面试的测评

面试的内容，指面试时需要测评的应聘者的基本素质内容。面试测评的主要内容有以下几种。

1. 仪表风度

注重外表形象的人往往更加注重细节，具有较强的自我约束和责任心，更容易让人产生信任感。因此，大部分行为文明、衣着整洁、外表端庄的人，工作更有条理。所以，仪表风度一般是面试测评的主要内容之一。仪表风度是指应聘者的精神状态、行为、外貌、体型、衣着。

2. 专业知识

在面试过程中，为了解应聘者专业知识的广度和深度，主考官往往会对专业性要求较强的岗位的应聘者提出一些专业问题，以检验其专业知识能力水平，从而分析其能否胜任该招聘岗位。

3. 实践经验

在面试环节，面试官通常会对应聘者的实习及实践经验进行细致询问。这一环节旨在核实应聘者简历中所呈现的工作经历和能力是否真实可靠。此外，通过对应聘者实践经验的了解，面试官还能对其处理问题时的理性和冷静程度、思维能力、主动性、表达能力以及责任感进行深入评估。

4. 口头表达能力

口头表达能力在面试过程中是一个重要的考察项。面试官通过应聘者的口头表达能力来评估其沟通能力、表达能力以及语言组织能力。音量、音色、音质、音调以及感染力、准确性、逻辑性是口头表述能力的重要考察内容。

5. 综合分析能力

综合分析能力作为面试中的重要考察点，主要关注应聘者对于招聘者提出的问题是否能够进行深入分析，抓住问题的本质，并进行条理分明的阐述。

6. 反应能力与应变能力

反应和应变能力主要考察考生能否迅速合理的处理突发问题；是否能准确理解招聘者提出的问题；能否合理处置突发事件等。

7. 人际交往能力

在面试中，为了解应聘者的人际交往能力和人际交往倾向，面试官通常会问应聘者一些与人际交往相关的问题，如在社交中更倾向于跟哪类人群交际，在交际场合中的角色定位是什么，经常参与的活动有哪些等。

8. 工作态度

工作态度的考察旨在了解求职者的应聘态度和求职者对曾从事过的工作态度和曾经的学习经历的态度。如果应聘者在过去的学习或工作中抱有不积极、不关心自己做得好或做得不好、漠不关心的态度，可能在新的工作岗位上也会难以保持认真、负责、勤恳、上进的态度。

9. 求职动机

用人单位所提供的岗位或条件是否能达到应聘者求职标准，可以通过应聘者的求职动机进行参考衡量。可以通过一些有针对性的问题来了解应聘者的求职动机，如在招聘过程中了解应聘者希望从工作中得到什么，或对单位在招职位中最感兴趣的工作是哪类等。

10. 兴趣与爱好

为方便入职后的工作安排，招聘者会通过"有什么爱好""喜欢看什么书""喜欢什么运动"等问题，了解应聘者的兴趣。

二、面试前的准备

古语云："凡事预则立，不预则废。"面试前的准备相当必要，大致有以下几个方面。

（一）深入了解用人单位

面试前了解用人单位的情况十分关键，因为如果对用人单位情况了解不足，面试时易处被动，给人以不关心单位印象，可能影响最终的面试结果。

为了对用人单位进行深入地了解，可以访问该单位的官方网站。官方网站通常是用人单位展示自身形象和信息的最直接途径。通过浏览网站，可以了解单位的性质、业务范围、企业文化等基本信息。此外，还可以关注单位发布的新闻稿、公告等信息，以了解其最新动态和发展趋势。还可以关注用人单位相关的媒体报道，通过多元化的媒体报道，以获得更全面、客观的了解。另外，可以通过阅读企业内刊、海报、宣传册等资料，了解单位的发展历程、理念、员工福利等方面的信息。在深入了解用人单位的过程中，财务状况、企业信誉、发展前景等方面是需要特别关注的。

（二）充分准备材料

参加面试要带好自荐信、个人简历、成绩单以及有关证书（正本和复印件）等材料。有关证书包括学历证书、各类获奖证书，以及外语、计算机、职业技能等级证书。如果应聘外资企业，最好将自荐信、个人简历等材料准备为中英文对照格式。即使曾经发过求职信和个人简历，也应该再带上一份材料，以备用人单位查看。并且，所有准备好的文件都应该按顺序整理，以便取用。

（三）问题的准备

面试问题的准备，主要是对面试中可能提出的问题如何回答进行准备。

1. 对用人单位所提问题的准备

在面试过程中，主试者通常会问及职业规划和目标、求职动机、相关经历以及教育背景等方面的问题。举例来说，在计划和目标类问题中，包括应聘者将如何开展工作、职业发展规划、对其他工作机会的看法等方面；求职动机类问题则涉及为何选择应聘该单位、期望和追求的工作内容；相关经历类问题则关注社会活动经历、实习经历及遇到的困难等；教育培养类问题可能包括毕业学校、专业介绍、最喜欢的课程以及学习成绩等方面。

需要注意的是，以上只是一些示例，在实际面试中可能存在更具体和个性化的问题，因此，求职者需要全面准备，并以积极、真诚和有条理的方式回答各类问题。

2. 向用人单位所提问题的准备

在准备时一定要注意，把问题限制在询问应聘单位岗位的范围内。在招聘告示、单位介绍中有的内容，主试者已经介绍过的内容不要提问，也不要问简单或复杂的问题。因为简单的问题会显得无知，复杂的问题又有故意刁难主试者之嫌。

(四)面试训练准备

由于缺乏面试经验,进行一些面试技巧的学习和训练对大学毕业生而言十分重要。大学毕业生可能通过相关书籍或学校的就业指导课程进行学习;同时,许多高校会定期或不定期开设就业指导讲座,聆听这类讲座对于面临求职面试的高校毕业生而言也是一个不错的学习面试技巧的途径。面试技巧种类繁多,训练内容多种多样,主要包括礼仪训练、口才训练、反应训练等。

(五)调整心情

在面试时确保自己的身心状态良好非常重要。在面试前,适当放松自己,做一些喜欢的事情,避免过多的紧张和压力。在面试当天,注意个人卫生和仪表。早上洗漱干净,保持清洁整洁的形象。调整自己的生活规律,保证充足的睡眠时间。规律的饮食、适量的运动和良好的作息时间可以增加精力和提高注意力,运用积极的心态来迎接面试挑战。

(六)独自前往

在各类面试和咨询中,独自前往是非常重要的,因为这能展现个人的自信和独立能力。此外,单独前往面试也能帮助用人单位更好地评估沟通能力、解决问题的能力和适应能力。如果父母或亲戚朋友陪同,可能会给用人单位留下不成熟、缺乏自信的印象,影响面试表现和被录取的机会。

(七)遵守约定时间

准时到达面试地点是一个展示自己的良好素质和态度的重要方面。至少提前10分钟到达面试地点,这样可以稳定自己的情绪,避免匆忙和紧张,做好最后的面试准备。务必遵守面试时间,不要迟到。到达用人单位后,要专业地对待前台接待人员。礼貌地打招呼,并告知自己的姓名和面试事宜。不要随意走动,等待面试官的指示。如果有意外情况,最好能够在面试前通知用人单位,告知自己不能准时到达面试地点。

三、面试礼仪

（一）面试仪表

1. 面试着装

服饰是一种重要的身体语言，可以反映一个人的气质、修养和文化水平。在面试中，合适的着装能够给面试官留下良好的第一印象，展现出对面试的重视。应试者参加面试时服饰应该搭配协调，整体看起来和谐统一。在应聘不同岗位时，应根据所应聘的工作性质和类型，确定自己的穿着。例如，应聘技术人员等具体操作岗位，应穿朴素一点；去广告公司应聘，则不应穿古板落俗的衣服；若从事比较活泼的行业（例如营销），则服饰上可适当有些图案，以显朝气。

应试者的衣着服饰要注意以下几个方面：

（1）男生深色西装，女生正式套装或衬衫裙装：传统的深色西装对于男生来说是一个比较保险的选择，领带和衬衫颜色要搭配得体；对于女生来说，正式的套装或衬衫裙装都是比较合适的选择。

（2）避免过于鲜艳的颜色，尤其是对于女生，尽量选择一些淡雅和稳重的颜色，避免选择过于鲜艳、花哨的颜色。

（3）在面试时，不宜佩戴过多的首饰，要突出大学毕业生年轻有朝气的一面，以清新的形象示人。

（4）皮鞋要擦去灰尘和污痕，鞋带要系牢。男生的鞋子颜色一般不要比裤子颜色淡。女同学不要穿鞋跟过高的鞋子。

2. 化妆与发型

化妆与发型对于整体形象也非常重要，面试时的化妆与发型应该保持清爽、自然，并且与面试场合保持一致。注意保持整洁、合适的发型，避免过度浓妆或过于奇特的发型和发色。男生的发型宜以清爽简洁为主，避免过长或过于凌乱的发型。通常选择修剪整齐的短发会更好。男生不要留过长或杂乱的胡须。在面试中女生可以化淡妆，香水的使用要适度，避免选择过于浓烈的香气。

(二)面试举止

1. 敲门进入面试室

面试室的门一般是关着的,所以在进入前应先轻轻敲门。敲门时要注意力度,不要过分用力,以免产生不必要的响声或给面试官带来不必要的干扰。在得到进入许可之前,不要将头伸进门内张望,得到许可后进入面试室。在进入面试室时,避免大大咧咧地直接推门而入,可以轻轻地开启门后进。进入面试室后,要转身关门,关门时不要太过用力。

2. 主动与主考官打招呼

进入面试室后,可以通过点头微笑或者用简单的问候语,向主考官打招呼。在面试过程中,简洁明了地向主考官介绍自己的姓名以及参加面试的原因和身份。在面试过程中保持举止大方,注意自己的身体语言和姿态。保持挺胸抬头,避免过度紧张或过于放松。与主考官交流时,保持谈吐高雅,使用得体的语言表达。避免使用俚语、口语。

3. 回答问题时精神集中、态度诚恳

在回答问题时,确保精神高度集中。尽量避免分心或者漫不经心,展现出对面试者的尊重和对问题的重视。诚实地讲出自己能做什么、不能做什么,切忌含糊其词。根据听者的反应适时调整自己的语言表达方式,冷静地保持不卑不亢的风度。

在语言方面,毕业生谈话的内容和说话的方式同等重要。回答问题时要保持条理清晰,思路明了,避免答非所问或者支离破碎的回答,尽量准确地回答问题。通过语调、声音、表情等方式传达出乐观、真诚、大方、热情的态度。积极、阳光的表现能够留下良好的印象。

4. 微笑待人

俗话说:"面带三分笑,礼数已先到。"[1] 微笑是自我推荐的润滑剂,是礼貌之花、友谊之桥,是自信的象征,是心理健康的表示或标志。所以,求职时面带微笑会提高求职的成功率。

---

[1] 熊经浴. 现代商务礼仪 [M]. 北京:金盾出版社,1997.

微笑是面试中非常重要的社交技巧，能够营造轻松、友好的氛围，加强双方的沟通和互动。微笑真诚、自然，并在面试过程中贯穿始终，有助于为面试增添积极的氛围和良好的印象。当跟对方见面时，要面带微笑，以传递友善，为面试营造一个良好的氛围。在与对方交谈时，同样要保持微笑，使双方感到更加舒适和放松。无论是跟对方打招呼还是告别时，都要保持微笑和点头示意，以展现出礼貌和尊重，使得整场面试互动更加愉快。微笑要适度得体、真诚、自然，不要太过夸张或者不自然，以免给对方带来不适，适得其反。

5. 面试时的姿势

站有站相，坐有坐相。姿势在面试中是一项重要的细节，可以展示应聘者的专业素养和自信。在面试过程中尽量保持正确的坐姿，避免出现不良的小动作。

坐下后放松全身，不要紧张或者过于僵硬，保持身体放松。双腿自然并拢，脚平放在地上。这样的坐姿能够显得专业和得体。将双手自然地放在膝盖上，放松即可。避免过度使用手势或者手部不规矩的动作。保持挺直腰板的坐姿，身体微微向前倾。确保坐得既不是太浅，也不是太深。尽量保持只坐椅子的三分之二，因为坐得太深则可能给人懒散的感觉，坐得太浅可能显得紧张。注意不要出现一些小动作，如挠后脑勺或玩弄小物件、摇头晃脑、跷二郎腿、用手掩口、双腿叉开、看手表等。这些小动作会分散主试人员的注意力并产生不良印象。

6. 认真地倾听并注意目光的交流

保持与主考人员的视线接触是面试过程中重要的交流技巧之一。适度地保持视线接触能够展示自信和尊重。在保持视线接触时，不要太过死盯对方的眼睛，这可能让对方感到不适，可以适度地转移视线。正确的方法是把目光放在对方额头或鼻梁上方，保持目光的自然轻松、柔和，传达出自己的真实思想，这样会让对方觉得自己是在聚精会神地交流。多个面试考官在场时，应适时地环顾其他考官以表示自己对他们的尊重。

7. 在语言方面应注意的问题

（1）谈话时，如果有某种原因需要讲话，要选择合适的时机，以适当的方式进行语言的介入，没有特殊情况不可打断别人的讲话。

（2）面试者要善于使用手势语，注意要得体、协调。手势语作为一种伴随语言，有辅助表达的作用，但手势语使用要适量，过多、过杂且不注意姿势的手势动作，会给人以张牙舞爪和缺乏修养之感。过多的口头禅或语气词，会让教官认为求职者缺少自信，不仅容易扰乱考官心绪，同时会令考官认为求职者准备工作做得不充分。

（3）掌握说话的分寸和态度至关重要。说话是一门艺术，话要说得恰到好处。这就要求在讲话时既要保持谦逊，又要有自信，避免过于自负。

（4）在讲话时尽量不使用方言，力求普通话标准，发音准确、用词得体、语言流畅，避免出现错字或念错音的情况。

8.微笑告辞

在面试过程中，尊重用人单位和主考人员是非常重要的。当主考人示意面试结束时，你应该以礼貌、专业的态度回应。首先，面带微笑起立，这体现了谦逊和友善。接着，表示感谢，对用人单位给予你面试的机会表示诚挚的感激。此时，可以简洁地说一句"谢谢您给我这次面试的机会"，以表达谢意。在道别时，用"再见"作为结束语，而不是过于亲切的称呼，以免显得不够正式。除非主考人员主动伸出手来，否则你没有必要握手。这是因为面试场合较为正式，过度亲昵的行为可能会让人觉得不够专业。此外，在进入面试室时，如果有人接待或引导，同样应该表示感谢。在离开时，不要忘记向他们告辞。

四、面试禁忌

（一）迟到

迟到是面试中的大忌，没有什么比迟到更让用人单位反感的了。面试时要准时，这是对求职者最起码的要求，准时代表着一个人的基本素质和修养。不准时的人，会让人觉得没有责任感。如果是因为堵车或者地方不熟悉，应该立即与用人单位取得联系，讲明情况。

（二）完全被动

主要是表现为默不作声，主考官再三诱导也只回答"是、不是、好、可以"

等简单的字符。考官不说话时,也不会适时提问,而造成长时间的静默。这样的求职者必然让用人单位失望。

(三)傲慢自大

在面试环节,部分求职者对晋升机制、在职培训及用人单位规模等议题表现出过分关注,而不认真对待用人单位提出的问题。此类求职者可能会未经允许即行吸烟、大声讲话、随意打断面试官发言,甚至对面试官提出不当反问,致使面试官感到不快。

(四)不当反问

在面试过程中,应聘者的言行举止都应体现出尊重和礼貌,尤其是在回答涉及个人利益的问题时,更应该注意措辞。当主考官询问期望工资时,有些应聘者会选择反问:"你们打算出多少?"这种反问方式显得过于直接,没有给双方留下足够的缓冲空间,显得很不礼貌。用这种不当反问的方式提出薪资问题时,主考官可能会觉得应聘者在挑战公司的薪资制度,甚至让人感觉像是进入了谈判环节,容易让主考官产生对立情绪,影响面试结果。因此,应避免使用不当反问的方式。

(五)急于套近乎

在面试过程中,面试双方的关系极为敏感,过于紧张或过于随便的关系会使面试官在评判中作出不一定符合求职者预期的结果,因为在职场中,过分熟络的关系可能会使求职者在进行专业技能和经验的表达中出现阻碍。同时,有经验且专业的面试官对于求职者套近乎这一行为是十分忌讳的。对于求职者而言,如果想要表现出对该公司的兴趣,可以通过列举一些有理有据的实例来表达对招聘公司的赞扬。

(六)超出范围

在面试接近尾声之际,主考官往往会提出"有什么想要问的吗?"之类的问题,此类问题看似普通,实则暗藏玄机。在面对这一问题时,不少应聘者可能会提出"未来 5 年的发展规划如何？""公司的规模有多大？""董事会成员里中外方各有几位？"等问题，这种反客为主连珠炮的提问，可能会让面试官感到不适。因此，提问时要掌握好分寸，尊重对方，避免让面试官感到不适。

（七）盲目应试

应试者择业意向不明确或对用人单位及招聘岗位的要求不清楚，盲目应试赶场，结果自然以失败告终。

五、面试难点的应对办法

（一）克服精神紧张的办法

毕业生面试时多会感到紧张，紧张的情绪是面试时需克服的主要障碍。适度紧张有助集中精力，但过犹不及。面对陌生环境及提问，若过度紧张，会影响注意力，甚至忘记所准备的内容。那么，如何缓解紧张情绪呢？

（1）要做好充分的准备工作

对面试内容进行充足的准备，包括自我介绍、常见问题的回答以及和职位相关的知识。足够的准备可以增强自信，并减少不确定感。同时，可以找一些朋友或家人充当面试官，进行模拟面试，以熟悉面试的过程和氛围，并能提前纠正一些可能存在的问题，进而增强自信，克服紧张情绪。

（2）自我慰藉

告诉自己面试只是一次机会，不要给自己太大压力。相信自己有能力完成面试，并能够给出令人信服的回答。在相同的情况下，拥有强大的心理是迎接挑战的有利因素。竞争对手处于同样的环境中，如果自己能够落落大方、从容不迫的与主考官进行交流，并合理的回答其提出的问题，正常发挥自己的水平，那么极有可能获得面试的成功。即使失败了也不要灰心失落，因为未来可能会出现更多机会。

（3）不要急着回答问题

面对主考人提出的问题，应聘者不宜立即给出答案。首先要充分理解主考人提问意图，其次适当的停顿可以为自己留出思考时间，快速整理思绪。因此，可以思考 5—10 秒后，再对主考人提出的问题进行作答。同时要注意，回答问题的语速不易过快。

在面试时，应聘者会因面试时的环境和氛围感到紧张，导致语速过快，从而使得思维和语言表达出现脱节，此时极易出现词不达意的情况，进而导致面试失败。因此，面试时要注意语速，面对问题不要急于作答，而要在想清楚后，有条不紊地作答。

（二）遇到不清楚的问题及对策

遇到不清楚的问题可以请求主考人复述问题，如果主考人复述问题后仍想不出合理的答案，或不明白主考人提问的意图，而无法作答，此时，可以委婉的请教主考人所提出的问题是否指的是某方面。当面对无法作答的问题时，切忌随口乱说。世界上没有无事不通无事不晓的人，因此，如果对于主考人的问题没有思路，要真诚地告诉主考人自己对于所提问的领域或层面尚未触及。

（三）讲错了话及改正的方法

面试时应聘者会产生紧张情绪，而人在紧张的时候就容易说错话。有些应聘者在这种情况下，往往会坐立不安，觉得面试肯定过不了，此时应聘者越是紧张，面试时的临场发挥可能就会越糟。

因此，如果在面试中作出了不甚理想的回答也不要过分关注，即使犯了一个错误，也并不重要，因为这个问题可能并不会影响大局。此时要像什么都没发生过一样，继续关注下一个问题。对于用人单位而言，不会因为在面试中没有完美的表现而放弃一个真正有才能的人。同样地，一个真正有才能的人不能因为一个不完美的发挥而错过一个机会。当然，在面试中应聘者说的是重要的事情或对他人有负面影响的言论，那么应该及时表示歉意，表达自己内心的初衷。

（四）长时间的沉默及应对办法

在面试中可能会出现短暂的沉默，这种类似冷场的沉默时间不会太长，一般可能会保持半分钟左右，但有时主考人故意长时间保持沉默，以测试应聘者的心理适应能力。此时，一些经验不足的考生往往会出现焦虑不安的情绪。而一些应聘者可能为了缓解这种情绪，打破静默地氛围，说一些无关的话题，更有甚者，可能会说一些不该说的话。这样处理反而会使应聘者处于被动。

遇到这种情况时，可以对主考官提出一些自己想要了解或尚未了解的并与所应聘单位的相关的话题；或对自己之前的作答进行补充与完善；也可以利用这个沉默的时间对自己的个人情况进行更为详尽地阐述。

（五）几位主考人同时提问及对策

在面对多位主考人的提问时，对于经验尚浅的应试者而言，仅选择回答其中一个问题不是一个好的选择。因为，这样的做法并不能满足所有主考人的期望。

在此情境下，可以先行询问是否可以按照顺序依次回答领导的提问，以示尊重。在回答问题时，一般应遵循官职从高到低或提问顺序的原则进行回应。

在回答问题的过程中，不仅要与提问的主考者保持交流，同时也不要忽视其他主考人的反应。同时，需注意控制每个问题的回答时间，避免因过长的时间而引起后面主考人的负面情绪。此外，还需时刻观察现场的反应和气氛，以及时调整谈话方式和策略。

总之，面试时不论遇到什么情况，应试人都应沉着冷静，镇定自若地加以处理，千万不能惊慌失措。这或许是主考者故意考验自己的能力和应变技巧，只要认真对待，说不定这还是获得用人单位欣赏的契机。

六、面试后的努力

（一）回顾与反省

应聘者要善于总结和反思，回顾和反省面试过程中自己的表现，并进行分析，从而找出可改进的方向，以便日后能够取得更好的表现。可以通过以下问题来进行面试的回顾。

（1）自己所应聘的岗位是什么？招聘单位对该岗位人员的要求是什么？

（2）面试中的招聘人员就任该公司的什么职位？是否记得面试官的姓名？

（3）对于应聘的职位，自己是否已经确定了首要目标？日后工作中可能存在的挑战有哪些？其中最大的挑战是什么？自己的哪些能力或技能足以应对这些挑战并使自己胜任这项工作？

（4）面试中的哪些问题回答的不够完美？为什么这些问题回答的不够完美，或为什么认为这些问题回答的不够完美？

（5）面试的最后阶段，与面试官司沟通的是什么内容？

在对上述问题进行分析和总结后，如果有条件可以与招聘者进行沟通，使之明确指出自己的劣势或不足，有利于日后改进。这样，既可以给招聘者留下良好的印象，也会使自己取得进步。

（二）与招聘者保持接触

（1）应试者不要忘记在面试结束的一两天内向面试人员和其他人员写一封感谢信。感谢信主要起到消除面试中可能存在的误解，表明诚意，加深招聘者印象的作用。因此，感谢信的内容包括：首先对于得到面试机会表示感谢；其次对面试过程中获得的美好体验表示感谢；第三表明自己对面试目前岗位的信心。最好能在面试结束后 24 小时内将感谢信发出。

（2）有的时候并不是经过一轮面试就可以最终确定结果，许多情况下还有复试或第三轮的面试。招聘的公司规模越大，面试也会团队越大，因此，需要求职者做更全面的准备。

（3）面试后一般不会即时得到结果，一般招聘公司会在七天给到求职者面试结果，若一周内未获回复，则可电话询问负责人情况。此举不仅展示应聘者积极的态度，而且也可以负责人的语气判断应聘情况。如果察觉有希望，只是还没有最终确定，那么可选时机再询问。为提高求职成功率，每次致电后发短信重申优势、热情、贡献并期待回复。即使落选，也发感谢短信保持礼貌并为未来创造潜在的求职机会。

（三）加深印象，强化优势

在职场竞争激烈的环境中，要想让自己在众多求职者中脱颖而出，成为招聘者眼中的理想人选，提高自己在面试过程中的竞争力，吸引对方的注意力十分关键。在面试前，要对个人简历、求职信等进行细致的梳理，确保内容准确无误。同时，针对所应聘职位的特点，有针对性地准备相关资料，展示出自己的专业素养。此外，要充分展现自己的敬业精神，让对方感受到自己对工作的热情和责任心。另外，可以向招聘者表示自己对这份工作的浓厚兴趣，以及如果获得这份工作，会如何全力以赴、敬业奉献，为公司创造更多价值。

（四）实地考察，争取试用

要利用多渠道，想办法参观现场，调查研究，参加岗位学习。在学习中展示自我，不仅是了解用人单位，熟悉工作岗位的有利机会，而且有利于用人单位进一步了解自己。

总之，在参加完第一次面试后，不管成败，都可能有第二次面试的机会，一试定乾坤的人很少。经过自我评估并不断改进，下次面试一定会胸有成竹，令人刮目相看。

第五节　大学生适应社会的技巧

一、积极投身社会，适应社会

对于即将毕业的大学生来说，一定要认识到目前的社会形势，了解自己的长处，积极地参与社会事务。之后要做精心规划，为自己的职业生涯设定合适的适应期。在进行规划时，应当遵循从简单到复杂的原则。一是要稳扎稳打，扎实地完成自己的任务，所有的工作都应该从基础开始，一步一个脚印，来提升自己；二是要和其他人积极沟通，努力学习并深入思索，确保每一件事都做得出色，从而展现自己的独特价值；三是要注重个人成长，并通过实际行动展示自己卓尔不群的能力，从而得到上级的高度关注。大学毕业生要有勇气和胆量，保持积极的态度，抓住每一个机会，并努力实现自己的价值。

二、明晰角色期望，正确处理好各方面关系

在整个社会当中，所有人都在扮演着特定的角色，但是每个人对角色的期望是大不相同的。对于即将毕业的大学生来说，在步入社会前，要清楚地了解自己所要扮演的角色。

（一）掌握工作岗位对职业角色的期望

所有工作都存在着特定的工作准则。对所有人来说，应对自己准备要做的工作保持高度的责任心，积极做好本职工作，并持有良好的工作操守。

（二）了解领导对下属的期望

对于乐队来说，听从指导是获得完美演出效果的前提条件。而身为员工，也要妥善看待上司与下属之间的关系，并尽最大努力做好上司分配的工作。应该深入了解上司的个性、工作模式和日常习惯，理解上司的意思，并利用自己的专业知识，为公司带来更大的价值。在工作当中，有时候下属和上司之间会出现意见不合。面对这样的状况，应冷静地分享自己的观点，并根据工作的标准来要求自己，通过脚踏实地的努力工作来赢得上司和同事的信赖。

（三）明了老同事对新共事者的期望

步入职场的毕业生要谨言慎行，对老同事持尊重态度。由于他们工作年限长，并且在多个方面都拥有比自己更丰富的经验，因此绝对不能让人产生不好的印象。

为了获得同事的信赖和支持，要从日常小事开始，从自己的工作做起，不害怕做脏活和累活。过于自负、自视甚高、不付诸实际行动，在实际生活中是不行的。

（四）准确实现角色对自己的期望

对于大学生来说，刚步入社会，应当清楚社会与各个群体的特征，清楚各个角色的准则，仔细研究其他人对事物的评判，这有利于了解如何扮演角色。比如，在机关工作的人，行为一般来说都比较严谨；而处于销售岗位上的人，一般都比较健谈。由于工作的特性、工作环境、文化的差别不同，所以需要的角色也不同。

然而，对每个人来说，不管做的是什么工作，都要按照工作的需求去满足角色对自身的期望。

在生活中，每个人都有朋友。想交到真诚的朋友并非难事，关键是要用真心来换取真心，保持热情，而且要有一定的原则。真诚待人才是维持人际关系的前提条件。

（五）正确处理人际交往关系

在进入社会以后，毕业生应当正确处理人际交往关系，需要做到以下几点。

1. 尊重他人，不自视清高

当进入新的公司时，应看到公司所有人都有自己独特的性格和兴趣，而且其都会或多或少地在某个领域有了很多的阅历和精湛的专业技巧。我们应该和尊敬教师一样，尊敬他们的付出、成绩、品德和情结，要不耻下问，不过分自负，不目中无人，由此才可以赢得别人的尊敬，与别人友好的相处。

2. 平等待人，不厚此薄彼

在工作中，彼此之间要以和为贵。对待他人的态度不应仅仅基于职位的级别或薪资的高低来判断。避免与某些人过于亲密，或者刻意与某些人保持距离，总之，要和同事和睦相处。

3. 热心助人，勿见利忘义

唯有真诚地给他人提供帮助的人，才能获得他人的支持。同样地，唯有真心帮助他人的人，才能获得他人的肯定与称赞。

4. 诚实守信，不贪图虚名

诚实不仅是做人的根本准则，还是构建和谐人际关系的关键要素。

5. 主动随和，不孤陋寡闻

毕业生在进入新公司之后，要积极与人沟通，融入集体当中，过分沉浸在自己的世界里是不可取的。通过与别人沟通，可以了解到很多东西，发现自身的缺点，汲取他人的长处，有利于增强自己的涵养和能力，从而促进自身的发展。

6. 宽人律己，不心胸狭窄

要正大光明地做人，脚踏实地地做事。在受到不公或者被误会的时候，应该宽宏大量，控制情绪，保持镇定，勇敢地分析自己，并积极地承担起自己的职责。

三、培养积极情感，自觉克服心理障碍

身处在完全不熟悉的环境或者进入到不熟悉的集体中时，人们通常会不自觉地形成防备的心态。当一个毕业生步入到新的职业领域中，若不能迅速地调整自己的状态，那么他将无法满足角色适应的标准。从心理学的角度看，正面的情感可以激发人们的认知热情，并鼓励他们勇往直前；与此相对，悲观的情绪可能会使人们感到沮丧，从而抑制认知和创作激情。

所以毕业生应当全力以赴，保持积极的情感状态，战胜心理上的问题。由此才能在工作中展现出更多的活力，做好自己的本职工作。

培养积极的情感，首先需要有开朗豁达的心态去感受生活，以刚毕业的大学生走上工作岗位为例，不能自高自大，而是应当持有谦逊的态度去学习和工作，认清自身的处境，积极地去进行实践活动，要学会不耻下问，提升自己的能力；其次应清楚如何表达自己的情感，不可以让自己处于悲伤状态，或者是失控状态，有很多释放情感的方式，例如玩游戏、看电视剧、与朋友交流，等等；最后，应掌握一些放松的方式，例如表情放松法、深呼吸放松法和肌肉放松法。

四、实现意识和行为的转变

意识和行为的转变是关键的内容，由于意识可以掌控行为，若意识产生了很大的改变，那么行为也会随之改变。

（一）从个人导向向团队导向转变

在校园中把个人当成焦点的方式在公司中是不适用的，只有将个体与集体的胜利联结起来才是有价值的。其中的转变包含：以本性为主转变成以准则为主；以个体为主转变成以全部为主；以独立为主转变成以合作为主。

（二）从情感导向向职业导向转变

初入职场的学生很容易受情绪影响，实际上这和职场人的理智特征是自相矛

盾的。其中的转变包含：以情绪人为主转变成以职场人为主；以个体爱憎为主转变成以尽职尽责为主；以情感为主转变成以职业为主。

（三）从成长导向向绩效导向转变

学生在校园里的时候，总是以自身的发展为主，学校也是以学生的成绩作为评价的准则，但是在职场中，职场人大多是以绩效和利益为主。其中的转变包含：以智慧生活为主转变成以经济生活为主；以文化目的为主转变成以利益目的为主；以个体发展为主转变成以公司发展为主。

（四）从思维导向向行为导向转变

学生在学习的过程中，关键是启迪智慧，汲取知识，这些都是思维层面的练习。由于与职场人大不相同，所以转变是必然的。其中的转变包含：以思维为主转变成以成品为主；以想象为主转变成以实现为主；以理论为主转变成以实践为主。

（五）从依托个人资源向依托组织资源转变

学生若把个体当成焦点，就要依靠个人的资源来成长。但是职场人在组织内部，必然是依靠组织的资源。其中的转变包含：以个人资源为主转变成以组织化的资源平台为主；以个体成长转变成以公司协同成长为主。

（六）从兴趣导向向责任导向转变

学生参与活动大多都是看自己是否感兴趣，但是职场人却并非如此，因为这是他们的工作，责无旁贷。其中的转变包含：以兴趣为主转变成以尽职尽责为主；以个人受益为主转变成以企业受益为主。

五、注意社会知识和技能方面的准备和再学习

刚毕业的学生大多对以后的日子非常期待，他们对陌生的领域总是充满了探求的欲望，这无疑是他们重要的品质，应当被珍惜。特别是那些年纪小、经验少，以及在多个领域缺乏深入了解的大学生，持续地吸取教训和经验是他们迅速融入

社会的关键步骤。毕业生在融入社会的过程中，可能会面临成功和失败两种境遇：一旦成功，他们就可以从中吸取经验；而在失败时，他们就可以从中吸取教训。如果对过去的经验和教训有了深入了解，那么在未来的实践中就有可能将失败转化为胜利。因此，失败被视为成功的源泉。

当毕业生刚步入社会时，可能会面临各种困难，但这并不是大问题。关键是毕业生需要保持坚定的信念，镇定地去思考困难产生的缘由，而且要乐观地汲取经验，充分地降低困难产生的不良影响。毕业生在研究失败成因时，既可能持有积极的观点，也有可能持有悲观的看法。以找工作为例，一些人持有这样的观点：家庭中是否存在强大的社交网络是决定能否找到好工作的关键因素。这样的观点其实是错误的。如果具备出色的专业素养、勇于冒险、正确的生活观念，并且一直发奋图强，迟早会找到符合自己意愿的工作。

另外，融入社会是一个学习、适应、持续学习和持续适应的过程。因此，毕业生要重视基础的生活技巧、社会标准、职业技巧的研习和再次研习。还应基于自己的工作内容，进一步优化和填补上学时获得的知识，并从以理论为主转变成以实际为主。值得注意的是，这种再学习的过程会持续一生。

六、加强自我塑造，努力形成就业核心竞争力

毕业生在社会中的适应能力，体现为他们对社会的主动参与和与社会的紧密结合。这样的参与和结合，都是基于对社会规则的尊重和对现实社会秩序的服从，然而这并不意味着要放弃自己，也不可以像东施效颦那样丧失自我。

对于毕业生来说，首要任务是了解市场需要，制定个人发展方向，并根据职业生涯规划，牢牢地掌握专业知识，同时也要不断磨练自己的实践操作能力。唯有如此，毕业生才会在选择职业时更有针对性，充分利用自己的专业优势。经验表明，在职业生涯的早期阶段，基于专业来选择工作对个人成长是有益的。之后需要冷静下来，为以后的发展奠基。毕业生需要为未来做好准备，努力提升自己的心理素养和承受压力的能力。还需要静下心来，去融入社会和公司当中，理解如何单独思索和采取行动，掌握抗压的方法，以及观察他人的言行举止。学会一

系列符合个人喜好和社会需求的专业技巧,以便在以后的职业选择竞争中获得更多优势,并为达成个人目标奠定稳固的基础。

综合来看,毕业生的就业适应阶段不仅是心理情绪的不稳定阶段,学到的知识和实际需求之间的差距阶段,也是理想和现实之间的不匹配阶段,还是全方位能力培养的实践和成长阶段。

因此,对刚工作的毕业生来说,必须提升自己的认知和理解能力,融入新的工作环境,探索与自己相契合的职业发展路径,这样才能持续地成长,进而走上成功的道路。

七、树立终身学习观,促进职业发展

终身学习是 21 世纪人类社会普遍接受的一种新的理念,它最早出现在 20 世纪 60 年代。在 20 世纪 80 年代以后,逐渐在许多国家的教育改革发展中得到了实践。

(一)什么是终身学习

终身学习有两种被普遍接受的含义:一是"一个人在一生中所需的知识和技能,涵盖学习态度等怎样被启迪和应用的过程"[1],二是"终身学习的核心特点是'有意义的学习',学习的环境不应仅限于家庭、学校、文化中心或企业。很多能被个人或团体利用的教育资源和设施都应该被纳入其中"[2]。

1994 年在罗马召开的"首届世界终身学习会议"给出了这样的定义:"终身学习被视为 21 世纪的核心理念",[3]"它旨在借助一个持续的支持机制来挖掘人类的内在潜力,确保人们有权获得他们一生所需的所有知识、价值、技巧和理解,而且在各种任务、情境和环境中都能自信地、创新地、愉悦地运用这些知识"[4]。

---

[1] 史达,穆光明,靳亚敏. 现代教育理论与社会实践研究 [M]. 长春:吉林人民出版社,2020.
[2] 吴遵民. 现代国际终身教育论 [M]. 上海:上海教育出版社,1999.
[3] 陈光军. 开采人生 当代大学生新视野 [M]. 济南:山东大学出版社,2001.
[4] 蔡克勇.21 世纪中国教育的走向 [M]. 广州:广东高等教育出版社,2004.

（二）为什么要树立终身学习观

1. 信息社会的要求

由摩尔定律可知，18个月是计算机软件等内容迭代的周期。有数据显示，毕业生的"创造年龄"不会大于4年，工程实用技术的期限有3年。卡兹曲线是用美国学者卡兹来定名的，表明科学研究的最佳年龄期是1.5—5年。以上数据都体现，持续地刷新学识以及再学习是职场人的一生中不可逃避的事情，碌碌无能、畏手畏脚，依靠侥幸心理去获得成功是不可能的。所以，终身学习应当始终贯穿在人们的生活和工作中。

2. 终身学习与职业发展的必然要求

吸收新知识、创新科学技术以及提升职业技巧，都会激发学习者的潜能。学习是生活和发展的重要手段，知识会提升人的职业技能和综合素质。

（三）如何践行终身学习观

1. 终身学习是一种生存方式

终身学习有利于激发自身创新潜力和推动自身发展，是一个自我实现的过程。终身学习还是一个能提升个人名声、社会影响力和适应能力的方式。

终身学习视域下的学习和生活已经超出了教育的领域，既触及教育的领域，也触及生存的领域。更有甚者，终身学习正逐渐成为人类最关键的生存职责和以后社会的生活方式，离开了终身学习，人类生活的社会和生存质量都将不复存在。"终身学习成为21世纪的生存概念"的产生就是这种变革的必然要求。

2. 终身学习是一种主体转移

过去，往往会把受教育者当成客体，把教师当成教育学生的关键部分。然而，当职责性、主观性等在学生的发展和社会的变化中受到瞩目时，在教和学两者之间，学开始显现出更重要的影响——"与教相比，学始终是最关键的，教育者始终不如受教育者重要"。所以，在终身学习的背景下，受教育者慢慢地不再是客体，而是主体了。

3. 终身学习基于学习者的自主性

终身学习的核心理念是自我驱动和积极主动的学习，其基础要求包括自觉、积极和对学习的强烈渴望。若受教育者从"对象"转变成"主体",那么教和学的核心必然会集中在满足受教育者的愿望和需求上,同时也需要契合每位受教育者独特的认知模式和特质。如日本学者强调的,终身学习是一种"基于个体的内在愿望来开展的活动",是"按照个人需求选取最适合自己的方式来进行的",而社会责任就是为他们的"需求提供必要的回应",产生"持续的支持过程以激发人类的潜能"。

4. 学习是一个终身的过程

终身学习的核心理念是强调学习的过程、学习的连续、与时代同步和持续不断的努力。在这个日新月异的社会中,人们没有理由在认知上稍作停留。在人的一生中,人们更没有理由抗拒在不同的生命周期内完成不同的发展目标。所以,很多支持终身学习的人都持有这样的观点:"有意义的学习"应该是"在其一生中持续进行的"。

5. 学习是一个全面的过程

学习是一个全面的过程,应当贯穿在人的一生当中。社会的变迁为人们带来了各种各样的发展议题,每个人在成长过程中所承担的发展责任也是多种多样的。世界终身学习会议中的"获取他们一生所需的全部知识、价值、技巧与理解"与"开发和运用人在一生中所需的知识、技术、学习态度"等都是对这一核心理念的具体解释。

6. 终身学习无处不在

终身学习不仅仅局限于家庭、学校、文化中心或企业,它涉及人类生活的每个角落。正如上面的定义所指出的,很多可以被个人或团体"利用的所有教育资源和设施都应该被纳入其中"。

7. 建立自信心,适应社会变化

终身学习实际上是对知识的累积、应用和创新的过程。可以利用该过程,让个体在面对社会的快速变迁和新的挑战、任务、情境及环境时,都可以充满自信、愉悦并容易地应用、掌控和创造知识。

（四）强化职业生涯管理

毕业生要想实现成功的职业生涯发展，仅仅设定职业生涯规划是远远不够的，关键是要学会如何管理自身的职业生涯规划。在工作当中，每个团体都会剖析、测试和评价职员职业生涯的主观和客观要素，以及查看职工的职业发展目的和团体发展目的是否一样，来管理职员的职业生涯发展规划。从职工角度来看，应当按照自身的爱好和发展目的等来管理自身的职业生涯发展规划，并清楚自身所处团体的职业生涯管理方式，这有利于统一自身和团体的发展目标，与团体共进退。

1.适时进行自我评价

职业生涯规划管理中的关键是要适时地进行自我评估。尽管许多毕业生在毕业之前就已经制定了比较详尽的职业发展规划，然而却不重视之后的职业发展，所以导致了自身的发展与之前的职业规划背道而驰，改变了职业发展的路径。因此，毕业生在职业生涯发展的进程中，要适时地评估自身的职业发展情况和职业发展规划，主动改变自身的行动以及职业生涯规划的方向，从而让自己的职业生涯有计划地发展。

美国惠普公司的职工会从多方面来评价自身的职业生涯规划，以下的几种方式能够给毕业生带来一些启示。（1）撰写自传。职员可以利用写自传的方法来记录和反省自身所做的事情、工作的体会和以后的规划等等；（2）职员可以借助问卷量表的方式，明确自身喜欢的工作和科目，或者是在经济、社会、政治、审美等层面的世界观和人生观，来考虑自身的职业发展规划能否契合现在的世界观和人生观及个人的喜好；（3）可以写24小时日记，将每天发生的事情记载下来，全面地进行自我评估；（4）和亲近的人当面交流。职员能和挚友、伴侣、同伴等说出自己的看法以及当时的心境；（5）用生活方式来描写。职员可以用说话或者画画的方式将自身的情况表现出来。

2.时间管理

对很多人来说，最重要的就是怎样去管理自己的时间。事实上，对时间进行管理就是对资源和自身的行动进行管理。唯有把握好生活和工作上的时间，才可以提升自身的效率，充分地展现出个人的最大潜力。

如果想合理地利用时间，就需要遵循一定的方式。其一是设定时间的利用规则，合理地规划做事的时间，管理每日的时间计划。其二是做有意义的事情。有学者曾提到，"那些真正有意义的事情往往只会占用时间的20%，其余的80%的时间都放在了一些不重要的事情上。"① 因此，一个人如果想要合理地利用和管理时间，必须要将主要的事情和次要的事情划分出来，快速处理重要的事情，次要的事情可以先不用处理。其三是待划分事情的主次后，按照重要且着急的、重要而不着急的、着急而不重要的、不着急且不重要的顺序依此处理。

3. 职业规划调整

一个人的发展路径不是原封不动的，职业的发展也不是。合理的职业发展规划既可以达成自身一开始的职业发展目标，还能与社会和工作的需求相契合，从而实现最佳的成果。在进行职业规划时，许多要素的存在会对职业发展产生影响，其中包含自身的主客观要素与社会和工作的要素。比如说，个人爱好的变化、受教育影响而发生的转变、受家庭影响的变化以及工作氛围的改变等。在这时，就应改变和修正之前制定的职业生涯发展规划。这种改变既能是再次设定职业规划，又能是转变职业路径，还能是调整职业发展的阶段性目标等。

个体应当按照自身的意愿和工作的需求来对职业规划作出调整。调整应当依照规则来进行，首先想到的应是改变计划而不是目的；在计划改变后还是不能实现目的，这时需要思考修改目的实现的时间；在增加时间与减少需求都不可以达成目的时，就需要思考摒弃该目的去制定新目的。然而不管如何改变，在持续的评价和修改下，最后形成的职业发展规划肯定是更合理的，是与自身职业发展更契合的。

综上，所有人都有自身的职业发展路径，路径曲折或是平缓都不会决定个体的职业发展。每个人若是可以根据已经制定好的职业发展规划来合理地利用时间，做事不拖沓，那么职业发展就可以说是成功了一半。坚持自身一开始的目标，并且按照目标路径持续地学习和发展，有利于实现自己的人生理想。

---

① 徐娟. 药品经营与管理专业入门手册[M]. 北京：中国医药科技出版社，2012.

第五章 大学生就业权益保护指导

作为就业活动主体之一的大学毕业生，在就业的过程中，必须和用人单位签订就业协议和劳动合同。本章共分为四节，分别是大学生劳动权益保护、大学生劳动合同指导、大学生就业协议指导以及大学生求职陷阱及防范对策。

第一节 大学生劳动权益保护

随着高校扩招以来，应届毕业生人数逐年增多，就业压力越来越大。在激烈的就业竞争下，毕业生的就业权益受到侵害的问题也渐渐暴露出来。所谓就业权益，就是指毕业生在求职择业及上岗的过程中，依法享有的权利。尽管多年来我国各级政府及有关职能部门以及新闻媒体，从不同角度为应届毕业生就业权益做了大量工作，但毕业生的弱势地位使得其就业权益保护难以实现。在就业市场上，毕业生和用人单位均是平等的民事主体，但是面对"买方市场"的现实，毕业生的就业权益往往受到不同程度的损害。如何保护毕业生的就业权益，已逐渐成为社会关注的热点问题。作为毕业生，只有正确了解和运用就业维权知识，关注自己合法的就业权益，熟悉就业法规，树立科学就业观，才能更好地保护自己的劳动权益。

一、毕业生就业的基本权利与义务

（一）毕业生就业的基本权利

按照当前的就业政策以及法律法规，毕业生的就业权利分为毕业生在求职择业过程中的权利和毕业生在就业中与用人单位相关的权利。

1. 毕业生在求职择业过程中的权利

（1）接受就业辅导权

毕业生有接受就业辅导的权利。对于学校来说，要创办专业的机构，聘请专业的工作人员来辅导毕业生的就业问题，其中包含给毕业生宣讲国家有关毕业生就业的政策；教授毕业生如何制定职业规划；给毕业生教导职业选择的方式；指引毕业生按照国家和社会的需求，以及个人的状况来精准地选取适当的工作。同时，毕业生也可以从学校接受辅导转变成积极地去市场寻找社会上的合法机构的就业辅导。

（2）被推荐权

给用人单位推荐优秀的毕业生是各高校就业工作的关键责任。从以往的情况来看，用人单位是否会留下毕业生与学校的推荐有很大的关系。以下是毕业生的被推荐权的详细内容。

①如实推荐，指的是学校在推荐毕业生时，要反映学生的真实状况，并按照这些毕业生的具体情况给用人单位推荐，而不是有意地贬斥或者过度夸大毕业生。

②公正推荐，指的是学校在推荐毕业生时，要确保公平和公正，为每位毕业生都推荐合适的就业机会，不能偏向任何一方。

③择优推荐，指的是在选拔过程中，学校会按照毕业生在学校的实际表现，在保持公平的前提下，进行优选推荐。用人单位在招聘毕业生时，也应遵循这一优选标准，以确保优秀人才发挥出最大的潜能。

（3）自主择业权

我国的《劳动法》规定，劳动者有权选择自己的职业。所以，毕业生如果和国家的就业方针、政策相契合，就能按照自身的喜好、本领和技能，自由地去找工作和用人单位，学校、其他单位和其他人员都不可以干预。所有把个人的意愿强加给毕业生或者逼迫毕业生去某某单位就业的举动，都侵害了毕业生的自主择业权。当然，对于缺乏经验的毕业生来说，选择越多，困惑就越大。因此，学校、用人单位和家长，可以在此时为初出校门、缺乏工作经验的毕业生提供择业意向方面的建议和引导，但不能强迫或限制毕业生选择职业。

（4）平等就业权

我国《劳动法》规定，劳动者享有平等就业的权利；劳动者就业，不因民族、种族、性别、宗教信仰不同而受歧视；妇女享有与男子平等的就业权利。但在实际就业过程中，毕业生平等就业的权利常常受到侵犯，"就业歧视"的行为在生活中很常见，其打破了市场中公平竞争的境况，耗费很多了人力资源。如果想要从根源上处理这种情况，就需要国家制定和优化有关的法律。当前，毕业生强化自身的维权意识是最关键的。

（5）获取信息权

毕业生找到合适工作的前提条件是掌握与就业有关的信息，如果毕业生了解了有关信息，就可以从实际出发去寻找与自身发展相契合的用人单位。毕业生有全面、真实获悉用人单位信息的权利。在双向选择的过程中，毕业生有权向用人单位了解具体的工作内容、工资、福利待遇、发展前景等情况，从而作出符合自身条件的选择；用人单位有义务向毕业生和学校如实介绍本单位的真实情况，并提供相关的资料。

（6）违约及求偿权

在毕业生和用人单位订立协议后，两方均不可以私自违背约定。若用人单位没有理由地就提出解约，毕业生有权利让用人单位继续施行就业协议，不然用人单位就要担负违约责任，并向毕业生支付违约金，毕业生有权利让用人单位提供赔偿。

（7）将档案、户口在校保留两年的权利

若毕业生在毕业的那一年没有找到合适的工作或者找到的是不合规的工作，就有权利请求暂缓就业，其可以把档案和户口在学校继续保存两年。

2. 毕业生在就业中与用人单位相关的权利

（1）要求用人单位履行就业协议的权利

就业协议书是由国家或省级的就业管理部门统一制定的，它是专为毕业生就业设计的正式文件，并具有法律约束力。若毕业生与用人单位签订了协议，他们就有责任遵守该协议，不能没有理由地修改或私自终止协议。用人单位有责任根据既定协议来接纳毕业生，并对他们的工作进行适当的安排，同时提供必要的工作和生活环境，来确保毕业生能够正常地进行工作。

（2）要求用人单位提供各种劳动保障的权利

当毕业生去用人单位工作时，需要和用人单位订立正规的劳动合同，并有权按照《劳动法》要求用人单位供给相应的劳动保护措施。我国的《劳动法》明确指出，劳动者有权获得劳动报酬、享有休息和休假的权利、得到劳动安全和卫生保护的权利、接受职业技能培训的权利、享受社会保险和福利的权利、提出劳动争议处理的权利和其他法律所规定的劳动权利。

（3）追究用人单位违约责任的权利

毕业生和用人单位之间订立的就业协议书是基于平等、自愿和共同协商的原则，两方都必须遵循。一旦毕业生与用人单位订立了就业协议，双方都不应私自违背协议。若用人单位无理由地提出解约，那么毕业生就有权利让用人单位遵守该协议，不然用人单位就需要向毕业生赔偿违约金。

（二）毕业生就业的基本义务

权利和义务总是相对的，毕业生在享有多项就业权利的同时，也应该履行一定的就业义务。

1. 如实提供个人信息的义务

在双向选择的过程中，毕业生有权向用人单位了解与单位或职位相关的信息，也有义务向用人单位如实地提供本人的基本信息，包括户籍所在地、学业成绩、外语水平、获奖情况、社会实践等，以便用人单位对众多应聘的毕业生进行比较和择优录用。如果毕业生提供虚假的个人信息欺骗用人单位，从而获得录用机会，这不仅会损害用人单位自主选择的权利，也会损害其他毕业生公平竞争的权利。

2. 主动报告就业情况的义务

主动上报就业情况可以为学校提供就业指导和服务的数据基础。毕业生就业信息填报能够为学校提供毕业生就业去向、薪酬待遇、职业发展等方面的信息，帮助学校了解就业市场的需求和变化，调整和完善就业指导和服务工作，提高毕业生就业质量和就业满意度。

如果毕业生没有及时向学校上报自己的就业情况，不仅对学校制订就业建议方案的工作带来一定的困难，而且有可能使报到地点出现错误，需要另行调整改派，既增添了自己的麻烦，也增加了学校的工作量。所以，大学生就业的重要性不言而喻，这关系到个人、家庭和社会的发展。

3. 严格履行就业协议的义务

毕业生毁约的行为，不仅浪费了本人在求职中花费的人力、财力和时间，而且干扰了用人单位正常的人才招聘工作、损害了母校的声誉、减少了其他毕业生的就业机会。因此，毕业生应该遵循诚信的原则，慎重签约，严格履约。

4. 遵守劳动纪律、保守商业秘密的义务

相当一部分用人单位，在确定录用毕业生之前，会安排若干应聘的毕业生到用人单位进行实习，以便双方做进一步的了解，再确定录用的人选。毕业生在实习期间，应该与其他正式员工一样，严格遵守用人单位的劳动纪律，特别是要保守用人单位的商业秘密。因为毕业生在实习期间，或多或少会接触到用人单位的技术信息和经营信息，尽管用人单位不一定会对这些信息采取保密措施，但毕业生都应该严格保密，防止侵权。

二、毕业生应了解的法律常识

（一）要拒绝用人单位的无理要求

法律明确指出，用人单位严禁接收求职者的报名费、抵押金、保证金等费用，而职员的培训费应该从企业的成本中支付。《劳动合同法》中表明，用人单位在招聘求职者时，不应扣留求职者的居民身份证或其他相关物品，也不可以让求职者做任何形式的担保或索取求职者的钱财。当大学生面对用人单位这些无理和非法的要求时，有权拒绝以维护自己的合法权益。

（二）要了解自己在试用期内的合法权益

（1）即使在试用期也一定要签订劳动合同。根据《劳动合同法》的条文可知，在建立劳动关系时，必须签署书面的劳动合同。如果已经建立了劳动关系，但没有同时签订书面劳动合同，那么应该在雇佣劳动者那天起的一个月内签订书面劳动合同。

（2）用人单位不能在试用期内随意辞退劳动者。

（3）试用期内的劳动报酬问题。以劳动关系为基础，劳动者付出劳动必须要获得与之对应的劳动报酬。根据我国的《劳动合同法》，劳动者在试用期的报酬不可以比该工作单位相同职务最低报酬或者劳动合同商定报酬的80%低，也不可以比用人单位所处区域的最低报酬标准低。由此可以得出，用人单位不可以再以极低的报酬去利用毕业生，毕业生也能在试用期拿起法律武器维护自身的权利。

（三）要拒绝没有法律效力的口头承诺

在找工作的过程中，毕业生一定要知道的是，任何口头上的话都是没有法律效力的，必须要确保和用人单位口头交流的所有条款都写到合同中，在签署合同之前仔细查阅，保证合同里的条款没有疑义和疏漏，唯有如此才可以充分地保护自身的权利。

三、就业维权方法

目前，确保毕业生就业市场稳定发展的重要任务是，建立高效的毕业生就业权益保护机制，确切地去保护多个相关者的权益，这有利于创建良好的就业氛围，促进学校和社会的平稳发展。维护毕业生的就业权益是一个关键的任务，我们既要在法律法规方面为毕业生创设和谐的就业环境，又要引导毕业生对就业权益进行自我维护。

（一）求职过程的自我保护

在求职时，毕业生的个人权利如果被侵犯，可以利用下列方法来维护自己的权利。

1.通过毕业生就业主管部门保护

毕业生就业主管部门可以利用有关的法律法规，来制止、解决侵害毕业生权利的举动。以《高校毕业生就业信息登记制度具体实施办法》为例，其中指出：将那些不公布就业信息的登记步骤，阻止毕业生获得信息的单位，予以通报批评惩罚，更严重的会撤销其接纳毕业生的资格。

2.通过高校毕业生就业部门保护

保护毕业生的合法权利和有序推进就业工作是高校毕业生就业部门的关键任务。如果用人单位在录取毕业生时,做出了不公允和不平等的举动,学校有权利阻止来保护毕业生的公平录用权。若用人单位和毕业生签署了不合法的就业协议,学校可以持否定态度,学校不认可的就业协议,既没有法律效力又不可以成为制定就业规划的根据。

3.毕业生依据有关政策法规进行自我保护

在毕业生就业工作逐渐朝着规范化和法制化方向发展的过程中,毕业生的自我保护意识变得非常关键。为了强化自我保护意识,一是毕业生要仔细研究和深入体会相关的法律条款,唯有了解其中的本质并抓住其中的要点,才有可能维护好自身的权益;二是毕业生应当遵循与就业相关的法例,切实地去施行自己的义务,避免让自己处于被动的状态。毕业生在求职时,就业权益如果被侵害,比如产生了协议争论、合同上的纠缠以及用人单位无理由地拒收等举动,就可以按照法律的规定向学校以及用人单位的有关部门投诉,让其从中进行调解;假设结果不尽人意,毕业生还能向当地的劳动和人事部门的仲裁机构提出申请,也可以去人民法院起诉。

(二)签约后权益的维护

用人单位公布不实信息等违法行为是常有的。当用人单位出现侵权举动时,毕业生首要的任务就是镇定地剖析其中的因素,核查自身权益受到损害的情况,并考虑是否还有必要遵守就业协议。对于那些不能继续执行的就业协议,毕业生在进行权益保护时,应收集有关的证明材料,确保用人单位不再遵守就业协议,并向学校的负责教师和家属征询意见。之后,可以向用人单位提出合理的权益保护请求。如果与用人单位协商失败,毕业生可以向上级管理部门提出申请,并向学校解释具体情况,以获得学校的帮助。如果借助谈判还是无法处理问题,那么就可以选择用法律手段来进行处理。当毕业生进行权益保护时,应该主要考虑职业选择,而不是左支右绌,从而导致更大的损失。

（三）就业权益自我保护意识的养成

1. 法律意识

在以市场为导向的就业结构中，我们期望毕业生能够通过市场这一隐形的工具，达到人才资源的最佳分配。对于即将毕业的学生来说，一定要深入理解与就业有关的法规和政策，同时也要熟悉劳动雇佣关系的有关条款。在研习这些政策和规定时，毕业生需要逐渐培养出一种以法律为基础来进行思考的意识，也就是法律意识。只有在这种意识的引导下，毕业生才能真正理解、遵循和应用法律。法律意识需要毕业生在找工作时用法律思维来研究遇到的难题，大致了解法律的规定是什么，知道哪些情形是合法的，哪些情形是不合法的。唯有在毕业生拥有这样的意识时，才可以真正理解行为的本质和其法律影响，从而为自我保护提供基础。

2. 契约意识

从一定程度上来看，市场经济实质上是基于契约的经济模式，契约意识强调当事人之间应当平等尊重和遵守契约。鉴于我国独特的就业机制，就业协议在确立单位与毕业生的权益和责任上起到了关键作用，所以在毕业生就业时，契约意识的重要性更为凸显。在求职时，契约意识会体现在以下两个层面：首先，毕业生需要高度重视并深入了解就业协议的价值，以及具备利用就业协议来维护个人合法权利的意识；其次，如果签署就业协议，它将立即产生法律约束力，一定要有严格遵循和执行就业协议条款的意识。所以，慎重签约并主动履约对毕业生来说，便于其利用协议中的条款来维护自身的合法权利。如果达成协议，两方就有义务严格遵循，均不能无理由地违背协议，不然会面临经济和法律方面的惩罚。

3. 维权意识

当毕业生个人的合法就业权利受到侵犯时，他们是主动利用法律途径或其他合法方式来保护个人权利，还是选择退让，默默承受，各种不同的处理方式反映了毕业生在维权方面的意识差异。在面临难题时，运用法律手段主动维护自己的权益，对毕业生来说是实现权益自我保护的关键步骤。唯有当毕业生意识到要维护个人权益时，才可以和用人单位进行平等的沟通，坚持自己的观点，从而使个人的合法权利得到真正的保护。维护权益的意识需要毕业生了解以下几种方式来保护个人的就业权益：学校介入进行调解；向劳动监督部门投诉；向劳动仲裁机构提交仲裁申请；向人民法院起诉等。

4. 证据意识

证据在法律中是非常重要的，毕业生在求职时要谨慎，并且要坚定地持有证据的意识。证据意识的树立主要集中在三个层面：首先是收集证据的意识，这需要毕业生在求职过程中主动要求他人展示有关文件，例如让公司展示营业许可证或能证明其身份的证件等；其次是保留证据的意识，这就需要毕业生妥善保管手头的证据，便于在未来的仲裁或法律诉讼中能够站稳自己的立场，如保留公司招募时的传单，以及与公司之间的传真、邮件等信息；再有就是利用证据的意识，毕业生需要具备用证据来证实案件的意识，明确哪些事实需要用哪些证据来支持，并清楚在某些特定事实下，举证责任是属于对方还是自己。比如毕业生在求职时会遇到某某公司需要交押金的情形，尽管法律清楚地规定了严禁在订立劳动合同时让劳动者交押金，然而在签署就业协议时，法律并未确切指出公司能否索要押金。

通常情况下，按照劳动合同的操作方式来签署就业协议并索要押金是不合适的。然而，在当前的就业市场环境下，因为有一些不成文的规定，的确会存在毕业生未支付押金就无法签署协议的情形，从而让毕业生面临找不到工作的困境。在该情形下，若毕业生真心希望加入某某公司，我们建议毕业生可以先支付押金，但务必要让公司提供带有"押金"字样的收据，便于将来用作证明材料。

5. 诚信意识

毕业生树立诚信意识涉及两个核心内容：首先，毕业生在找工作时，一定要向用人单位描述个人的实际境况，始终保持实事求是的态度。若毕业生有意掩饰个人的真实状况或对单位进行欺诈，这可能会使就业协议失去效力，而且需要对合同中的失误承担责任。其次，毕业生需要明确用人单位的诚信度，如要判断单位提供的信息是否属实，以及招募的真正意图是什么。

后者对毕业生提出了更严格的要求，由于要评估用人单位的诚信度，毕业生必须要具备足够的眼界和见识，并且能够利用多种方式和路径知晓用人单位的实际状况。但是部分毕业生的表现仍显不足，这主要是由于严苛的就业环境导致他们不敢对用人单位提出过多的疑问或更高的期望。很多刚步入职场的毕业生误以为公司所说所做的都是正确的，应当去满足公司的需求，但在这一过程之中，他们的权利就已经受到了损害。所以，必须要加强毕业生对诚信的认识，尤其是在培养第二种能力方面，这有利于更好地维护个人的合法权利。

第二节　大学生劳动合同指导

一、劳动合同的概念

所谓合同，简而言之就是合意，即当事人之间表示一致的意思。合同也叫契约，是双方（或数方）当事人依法签订的有关权利义务的协议。劳动合同是合同的一种特殊类型，又叫"劳动协议"或"劳动契约"。根据我国《劳动法》第十六条，劳动合同是一种协议，用来确定劳动者与雇主之间的劳动关系，并确立双方的权益和职责。

二、劳动合同的内容

作为一份完整的劳动合同，归纳起来，其主要内容由两部分组成：一是法律规定的必须包括的条款，称作必备条款；二是劳资双方自己约定的条款，称作约定自治条款。

对于劳动合同的必备条款，我国《劳动合同法》第十七条规定，劳动合同文本应当载明下列事项。

（一）劳动双方的基本信息

劳动双方的基本信息包括用人单位的名字、居住地及其法定代表或主要领导；劳动者的全名、居住地址及身份证或其他合法的证件编号。当用人单位与劳动者签订劳动合同时，必须遵守合法、平等、自愿、共同协商和诚信的基本准则。

（二）劳动合同期限

在劳动合同中，劳动合同期限被视为关键的部分，劳动者在签署合同时，需要和用人单位商榷以明确合同的有效期限。根据《劳动合同法》所述，签订劳动合同时必须采用书面的方式。劳动合同的期限可以分为三类：固定期限、无固定期限和以完成特定工作为期限。固定期限劳动合同指的是用人单位和劳动者通过书面方式商定了终止日期的合同；无固定期限劳动合同指的是用人单位和劳动者之间达成了无终止日期的合同；以完成特定工作为期限的劳动合同，指的是用人单位和劳动者之间商定某项任务的完成作为合同期限的合同。如果已经建立了劳动关系，然而用人单位和劳动者之间却没有书面形式的劳动合同，除非劳动者有其他明确的意向，否则这将被看作是用人单位和劳动者之间已经签订了无固定期限劳动合同，而且要尽快办理签订书面劳动合同的相关手续。

如果劳动合同期限在 3 个月到 1 年之间，那么试用期不应超过 1 个月；如果劳动合同期限在 1 年以上但不超过 3 年，那么试用期不应超过 2 个月；如果劳动合同期限为超过 3 年的固定期限，以及没有固定期限，那么试用期不应超过 6 个月。同一个用人单位和同一个劳动者之间，只能商定一次试用期。对于那些以完成特定工作任务为期限的劳动合同，或是劳动合同期限未满 3 个月的合同，是不允许商定试用期的。劳动合同的有效期内包括试用期。在劳动合同中只明确规定试用期的，试用期不合规，该期限应为劳动合同的期限。

当用人单位雇佣劳动者时，不可以扣留劳动者的居民身份证以及其他相关文件，也不可以让劳动者做担保，或是用担保的理由从劳动者那里索要钱财。

如果出现以下任何一种情形，劳动合同将被视为无效或部分无效：即用人单位通过欺骗、威胁或利用他人的困境，让对方背离其真实意图来签订或修改劳动合同；用人单位免掉自身的职责，剥夺劳动者的权益；违背法律和行政法规中的强制性条款。对于劳动合同的无效性，应由劳动争议仲裁机构或人民法院进行确定。

劳动合同部分无效，不影响其他部分效力的，其他部分仍然有效。如果劳动合同被认定为无效，并且劳动者已经完成了劳动，那么用人单位有责任向劳动者支付相应的劳动报酬。在确定劳动报酬的金额时,应参照用人单位在相同或相似职位上的劳动者所获得的报酬。

(三)工作内容和工作地点

1. 工作内容

所谓的工作内容,是指用人单位给劳动者布置的具体工作内容,涵盖劳动者所担任的职位、工作的性质、工作的范围及劳动生产任务希望完成的效果和质量标准等。工作内容是劳动合同中确定的劳动者应当履行的劳动义务的主要内容。在订立劳动合同时,劳动者应该和用人单位协商,使工作和岗位尽量明确,最好做到定岗定位。因为岗位的设定不仅直接关系到劳动者的薪酬,而且还可能涉及试用期的长短、能否胜任工作以及劳动合同解除时的举证责任等一系列问题。

2. 工作地点

工作地点是指劳动者在用人单位从事劳动合同所约定工作的地点。工作地点需要精确的范围应视公司的性质而定。工作地点是《劳动合同法》新增加的,是劳动合同签订前用人单位告知劳动者的内容之一。

(四)工作时间

工作时间主要是指工时制度和加班加点制度。对于加班加点的条件、工资计发等劳动法律法规都有明确的硬性规定。目前我国主要采用三种工时制,即标准工时制度、不定时工时制度和综合计算工时制。

用人单位对劳动者个人实行何种工时制度,主动权在单位,如果用人单位只是在合同中约定实行不定时工时制或综合计算工时制,而没有获得劳动保障部门批准的话,那么工时制度就是标准工时制,超过标准工作时间进行的工作就是加班,可以向用人单位主张加班费。

(五)休息休假

(1)带薪休假主要有法定节假日、年休假、探亲假、婚假、丧假。

(2)其他假期主要包括事假、病假等,职工因私事请假期间的待遇,国家现行法律规范中没有具体规定,要看用人单位规章制度的规定。

（六）劳动报酬

在劳动报酬问题上，劳动者应弄清以下几点：

（1）工资是劳动报酬的最重要部分，因为其他社会保险费的缴纳都是以工资为基数确定的。

（2）工资是劳动者获得劳动报酬的主要组成部分，但不是全部，还应有不列入工资总额范围的由用人单位支付给劳动者的其他费用。

（3）法律规定劳动合同中约定的工资标准不得低于当地的最低工资标准。

（4）在劳动合同里，要注明劳动报酬的确切金额、计算方式以及支付的具体日期，还要清晰指出该报酬是税前还是税后等相关事宜。

（七）社会保险

按照国家规定，每个职工应该享受养老保险、医疗保险、失业保险、工伤保险，女职工还应享受生育保险，这五项就是通常说的社会保险。其中，前三种保险的保费由企业和个人共同缴纳，后两种保险的保费完全由企业承担。除了社会保险之外，还有住房公积金也是法定的，其费用由企业和个人共同缴纳。社会保险和住房公积金的缴费基数、缴费比率等均由法律或当地政府规定，劳动者需要了解相关的政策规定。

（八）劳动保护和劳动条件

劳动保护和劳动条件是指在劳动合同中约定的用人单位对劳动者所从事的劳动必须提供的生产、工作条件和劳动安全卫生保护措施，包括劳动场所和设备、劳动安全卫生设施、劳动防护用品等。

（九）法律、法规规定应当纳入劳动合同的其他事项

如《劳动法》中规定的劳动纪律条款以及《安全生产法》《职业病防治法》等规定的必须纳入劳动合同的事项。对此，《劳动合同法》第八十一条规定，如果用人单位持有的劳动合同中没有明确规定劳动合同的必要条款，那么劳动行政部门应当督促其进行更正；对于给劳动者带来伤害的行为，理应负起相应的赔偿责任。

劳动合同中的约定自治条款是指劳动合同中除了必备条款外，当事人可以协商约定其他内容。对此《劳动合同法》第十七条规定，在劳动合同中，除了前文所述的必备条款，用人单位和劳动者都可以通过商榷来明确试用期、培训、保密、额外保险和其他福利待遇等事宜。在实践中属于劳动合同约定自治条款的主要内容包括试用期、合同文字、服务期、竞业限制、商业秘密、合同生效条件、合同变更或解除、经济补偿、经济赔偿及支付方式等。

三、劳动合同的履行、变更、解除和终止

劳动合同的履行，意味着用人单位和员工都要根据劳动合同中的条款，完整地执行各自的职责。按照法律规定签订的劳动合同是具有法律效力的，合同双方都要遵守合同中的规定，禁止任何个人或第三方非法干预合同的执行。当用人单位更改名字、法定代表人、主要负责人或投资者等相关事宜时，并不会妨碍劳动合同的正常执行。当用人单位遭遇合并或分裂等状况时，原先的劳动合同仍然保持其效力，那些继承了其权益和职责的用人单位将继续执行该劳动合同。

劳动合同的变更，是指用人单位或劳动者对尚未履行的合同，依照法律规定的条件和程序，对原劳动合同进行修改或增减的法律行为。在变更劳动合同中的条款时，用人单位和劳动者之间应达成共识，双方都不应私自更改合同内容，不然将会面临严重的法律后果。当变更劳动合同时，必须以书面的方式详细记录变更条款，并需要用人单位与劳动者双方共同签署或加盖印章才能生效。

劳动合同的解除指的是在劳动合同签订之后，合同的期限还未到期，鉴于某些特定因素，使劳动合同的一方或者双方的当事人提前结束了劳动合同关系的法律操作。劳动合同的解除仅对尚未执行的条款产生效果，并不会影响已经执行的条款。劳动合同的解除分成三类，包括协商解除、用人单位单方面解除以及劳动者单方面解除。用人单位单方面解除劳动合同需要提前向工会说明原因。用人单位有违反法律、行政法规和劳动合同商定行为的，工会有请求其改正的权利。用人单位要对工会意见进行剖析并书面告知办理结果。

劳动合同的终止，是指符合法律规定或当事人约定的情形时，劳动合同的效力即时终止。出现以下情况可终止劳动合同：劳动合同到期的；劳动者依法领取

基本养老保险金的；劳动者死亡，或被人民法院判决死亡、判决消失的；对用人单位吊销其营业执照，责令其停业、撤销，或由用人单位作出提前解散决定的；法律、行政法规约定的其他情况。

四、签订劳动合同时要注意的问题

（一）要了解必要的劳动法律知识

劳动合同是劳动者维权的基本手段之一。如何签订一份能保证自己合法权益的劳动合同，哪些是劳动合同中的必备条款，对用人单位提出的哪些"不合理"甚至"霸王条款"可以说不，都需要劳动者了解相关法律知识后才能辨别。

（二）签订合法劳动合同

劳动合同产生法律约束力的主要条件包括以下几个方面：首先，要确保劳动者和用人单位都具备签订劳动合同的主体条件；其次，要确保双方签订的劳动合同内容（权利与义务）必须符合法律、法规和劳动政策；最后，签订劳动合同的程序、形式必须合法，如经协商一致、签订劳动合同书、由劳动行政部门鉴证劳动合同等。

（三）及时签订劳动合同

当劳动者已经为用人单位工作时，劳动者应当理直气壮地要求用人单位跟自己签订劳动合同，如果用人单位拒绝签订，可以向当地劳动保障监察部门投诉。根据《劳动合同法》的第八十二条，如果用人单位在雇佣劳动者那天起超一个月但不满一年没有和劳动者签订劳动合同的，那么用人单位应当支付给劳动者两倍的工资作为补偿。

（四）注重劳动合同的细节

劳动者在与用人单位签订劳动合同时，要在把握大局的基础上，特别注意其中的细节。首先，对用人单位事先拟好的劳动合同，劳动者一定要仔细推敲，发现条款表述不清、概念模糊的，应及时要求用人单位进行说明并修订；其次，在签订劳动合同前，劳动者应尽可能地掌握一下用人单位拟制的与自己的工作岗位相关的诸如岗位工作说明书、岗位责任制、绩效考核制度、合同管理细则以及有关规章制度，因为这些文件中会涉及劳动者多方面的权利和义务；再次，当劳动合同涉及数字时，应当使用大写汉字；最后，劳动合同至少一式二份，劳动者和用人单位各执一份，劳动者要妥善保管，切不可由用人单位代管。

五、违反劳动合同的法律责任

违反劳动合同，是指劳动者与用人单位签订劳动合同后，其中一方当事人违反劳动合同约定，侵犯另一方当事人合法权益的行为。一旦劳动者和用人单位建立劳动合同关系，该合同就会对双方当事人都产生法律约束力，任意一方当事人违背劳动合同，都会面临法律责任。违反劳动合同所应承担的法律责任，往往是违约或侵权，也包括二者的结合。

用人单位直接涉及劳动者切身利益的规章制度违反法律、法规的，劳动行政部门应当督促其改正并予以警示；致使劳动者受到伤害的，要补偿劳动者。用人单位从用工之日起一个月以上不满一年没有和劳动者签订书面劳动合同的，要按月付给劳动者两倍的工资。用人单位违反《劳动合同法》，扣留职工居民身份证和其他文件的，劳动行政部门应当督促其在规定期限内返还给职工本人并按相关法律予以惩罚。

劳动者因违背《劳动合同法》解除劳动合同或违背劳动合同中规定的保密义务、竞业限制等行为，致使用人单位遭受损害的，理应担责。

第三节　大学生就业协议指导

一、就业协议的概念

就业协议是一种书面的方式，用来确立毕业生、用人单位和学校在毕业生就业工作中的权益和职责，也是毕业生和用人单位用来确立劳动关系的象征和法律基础。通常是教育部或者各省、市、自治区的就业主管部门来一同制定就业协议表。

就业协议的作用主要有以下三点：

（1）作为毕业生落实就业单位，用人单位同意接收毕业生就业，双方确立劳动关系的主要依据。

（2）作为毕业生就业主管部门及其所在学校编制就业计划、制订就业方案、管理大学毕业生就业的主要依据。

（3）作为毕业生和用人单位承担相同法律责任的法律依据，以保证协议的严肃性，防止用人单位和毕业生在双向选择中的随意性，避免就业市场的混乱。

二、就业协议的内容

教育部统一制定的《全国普通高等学校毕业生就业协议书》，其主要内容一般由规定条款、签署意见与盖章、备注三部分组成。具体包括以下几个方面：

（1）从毕业生角度来说，需要依据国家的法律法规来找工作，诚实地对用人单位说明个人的境况，清楚用人单位的招聘目的，阐明自己的就业意向；需要在约定的日期内去用人单位上班，如果有突发状况，导致未能如期上班，应当告知用人单位。

（2）从用人单位角度来说，应当向毕业生据实阐述公司的实际境况，确立招聘毕业生的条件和招聘目的，为录用工作做准备。

（3）从学校角度来说，应当据实给用人单位说明毕业生的实际境况，负责向用人单位推荐毕业生的工作。待用人单位决定录取后，需要学校进行核查并加入到就业建议计划当中。还要上报给主管部门，之后学校再处理就业派遣的相关手续。

三、就业协议的签订

（一）就业协议签订的基本原则

签订就业协议书应遵守以下基本原则：

1. 平等公正原则

签约各方当事人在法律资格上或者在民事权利能力上是平等的，签约过程和协议内容都应当是公正的，不可有任何偏袒、强迫，更不允许威胁。

2. 双向选择、协商一致的原则

当事人依法具有自由决定是否签订就业协议、与谁签订就业协议的权利。协议内容特别是关键项目，一定要经过协商，双方一致同意方可。

3. 合法合理性原则

签署就业协议的主体一定要是合法的。主体合法指的是求职者一定要有合法的就业资历，也就是说一定要是毕业生或者结业生，且要具备相应的民事能力；用人单位必须具有民事能力，具有录用毕业生的权利以及计划。就业协议的内容必须合法，即所签订的协议必须符合国家的法律法规，符合国家的就业方针政策和各级政府的规定，同时也要符合社会道德规范要求，做到合情合理。

4. 客观性原则

主要是指当事人各方都要客观、如实地介绍各自的情况，不得用欺诈隐瞒、弄虚作假、故意粉饰等手段骗取对方的信任和允诺，同时必须遵守信用，认真地履行协议规定的权利和义务。

（二）就业协议签订的步骤和程序

1. 就业协议签订的步骤

签订就业协议通常需要两步，分别是要约与承诺。

（1）要约

当毕业生拿着学校制定的就业推荐表去参与各个地区和行业的供需洽谈活动时，可以向用人单位表明自己的工作意愿，或者向用人单位发送自我介绍和希望就职的书面文件，这些实质上就是要约邀请。用人单位在接收到毕业生提交的材料后，会对这些毕业生进行全面的评估。在通过仔细的筛选和决策后，用人单位会将同意的回执发送给高校毕业生的就业部门或者毕业生本人，从而结束整个要约过程。

（2）承诺

当毕业生获得多个用人单位的肯定回复或者借助其他途径获得多个用人单位的肯定回复后，就可以进行抉择，最后确立一个用人单位。同时，毕业生可以前往学校的毕业生就业部门，申领就业协议书，并与用人单位签署就业协议，以上行为就是承诺。

2. 就业协议签订的程序

要约与承诺环节的完成为就业协议的签订准备了前提条件，接下来就应该是就业协议签订了。一般来说，签订就业协议要经过如下程序：

（1）毕业生到学校就业工作部门领取统一制式的就业协议书，一般为一式四份。

（2）毕业生和用人单位在就业协议多方面的内容上达成一致后，双方在就业协议书上签字盖章。

（3）无独立人事权的用人单位需报请上级主管部门在就业协议书上签字盖章。

（4）毕业生所属院系审核就业协议，并签字盖章。

（5）毕业生所属学校审核就业协议，并签字盖章。

就业协议签订完成后，毕业生、用人单位和学校各执一份，第四份交由本省毕业生就业指导中心鉴证并存档。

（三）就业协议签订应注意的问题

签订就业协议是一项比较烦琐、具体，又关系当事各方利害的事情。因此，要求毕业生、用人单位和学校三方都要耐心、细致和慎重。近年来，毕业生与用人单位之间的就业争议呈上升趋势，不仅使毕业生和用人单位的利益受到损害，同时也给学校和就业主管部门增加了工作压力。作为毕业生在签订就业协议时特别要注意以下问题。

（1）要认真学习国家及相关省、市、自治区的就业政策和规定，充分利用对大学毕业生就业有利的方面，规避可能带来的麻烦和损害。

（2）要充分了解就业协议书的所有条款，深刻领会每一条款的准确含义。

要向用人单位如实介绍自己的情况，表明自己的就业意见和希望。这不仅是用人单位妥善安排大学生具体工作岗位的重要因素，而且是用人单位对大学毕业生诚信状况的一次考验，也是大学毕业生向用人单位以及社会应尽的义务，同时还能避免由此滋生的诸多不利。

（3）要注意弄清用人单位是否具备合法的主体资格。要深入了解用人单位的基础信息、未来的发展潜力、所处的文化环境、招聘的相关规定，以及他们对毕业生的期望、意向和需求。

（4）在签订就业协议前，要尽量多地收集就业信息，以便选择最佳用人单位。一旦与一家用人单位履行了签约手续，千万不可再与第二家甚至更多家用人单位签订就业协议。

（5）要充分利用就业协议书备注栏的作用，将自己的合理要求，诸如工资福利待遇、住房条件、服务期限、升学或选干后的处理办法以及违约处理办法等明确写入其中。

（6）要严格按照学校规定的签约程序签订就业协议，对只口头答应接收毕业生就业但未有任何书面接收意见的用人单位应慎重对待。大学毕业生与用人单位签订就业协议后，一定要将其中一份协议交回学校，纳入学校的就业方案。

（7）要牢记就业协议书只有经各方签字盖章后才能生效，防止出现这方面的遗漏。要明白就业协议一经生效，毕业生、用人单位、学校三方都应严格履行。任意一方在提出修改协议的请求时，都必须得到另外双方的明确答复。未经协商，任何一方都不得单方面终止和变更协议内容。

上述七条注意事项需要大学毕业生灵活掌握，细心运用，提高应变能力，做到具体问题具体对待，以维护自己的合法权益。

四、无效就业协议与就业协议的解除

（一）无效就业协议

所谓的无效就业协议，是指那些缺乏有效的就业协议条件或违背了就业协议的基本原则，不具备法律效应的协议。自从签署无效就业协议的那一天开始，该

协议便失去了法律效力。无效就业协议产生的法律责任由造成就业协议无效的一方承担。具体情况如下：

（1）当一方使用欺骗、威胁等策略，或是利用他人的困境，导致另一方在违背其真正意图的情形下签署的就业协议无效。如某些用人单位并没有真实地描述公司的实际状况，也没有制订合适的雇佣计划，就和毕业生签署了就业协议；有的用人单位利用大学毕业生就业难的心理，威胁利诱他们从事损害国家、社会和他人利益的活动而与大学毕业生签订的就业协议等。

（2）用人单位免除自己的法律责任，排除大学毕业生权利的就业协议无效。例如，有的用人单位凭借我国就业形势的长期严峻的特点，以及自身的用人用工优势，趁大学毕业生急于求职择业之机，只主张自己的权利，只强调大学毕业生的义务，而与大学毕业生签订的就业协议等。

（3）若就业协议没有得到学校的认证和注册，学校将不会将其纳入就业计划，也不会对毕业生进行派遣。如某些就业协议在学校的审核过程中，被认定成对毕业生不公平，或者违背了法律和行政法规的强制性条款，学校有权拒绝进行认证。这样的就业协议也就很难成立了。

掌握无效就业协议的相关知识和情况，规避由此产生的法律责任风险，也是大学毕业生求职择业、签订就业协议要注意的问题。

（二）就业协议的解除

在大学毕业生就业求职的过程中，常有就业协议解除的情形出现，因此需要大学生了解这方面的知识。

就业协议解除是指在生效的就业协议未履行或者未完全履行之前，当事人各方约定或当事人单方行使解除权取消协议关系，终止协议权利义务。就业协议的解除分为单方解除和三方解除。

1. 单方解除

单方解除可以分成两种情形：一个是单方擅自解除，另一个是单方依法或依协议解除。如果单方擅自解除协议，将被视为违约行为，并且解约方需要对其他两方承担相应的违约责任。当单方依法或依协议解除时，解除的一方不需要对其他两方承担法律上的责任。

2. 三方解除

所谓的就业协议三方解除，指的是毕业生、用人单位和学校三方在经过共同商议后，决定撤销之前的协议，确保该协议不会产生法律效应。这种解除是因为三方当事人的真实意图都得到了一致的表达，所以三方都不需要承担法律上的责任。值得强调的是，在学校就业计划提交给主管部门之前，就应当解除三方的就业协议。若在就业派遣计划发布后，三方才解除就业协议，那么还应得到主管部门的准许来重新进行调整。

五、违约责任及毕业生违约的后果

就业协议书的主体包括用人单位、学校和毕业生，伴随各主体签署活动的完成，它的法律效力随之形成。无论是用人单位、毕业生和学校的哪一方，只有承担违约责任同时给权利受损方支付相应的违约金，才能够解除协议。从实际情况来看，就业违约既有大学生违约，也有用人单位违约，但大学生违约居多，这是由我国就业市场的买方市场现状决定的。

毕业生违约，毕业生个人不但要支付违约金、承担违约责任，而且还会产生一些负面影响。主要表现为以下三种。

（一）对用人单位造成的不利

一旦毕业生因某种原因违约，势必使用人单位为录用毕业生所做的大量工作付诸东流，甚至影响其正常的生产经营活动，再加上毕业生就业工作时间相对比较集中，用人单位若重新招人，在时间上错过了良机，往往造成工作被动。

（二）对学校造成的不利

从用人单位看来，毕业生违约行为通常是学校教育管理存在不足造成的，由此会对此学校的人才推介、选聘存在疑虑。一般体现在两个方面，一是干扰学校就业方案的上报和制订与学校的常规派遣工作；二是用人单位会因为毕业生的违约数年内不去此学校招聘学生。

（三）对其他毕业生造成的不利

通常来说用人单位到学校选聘的毕业生数量是有限的，以签订就业协议书为准，一旦招满就不会在招其他毕业生。倘若被招录的毕业生入职后违约，会导致剩下的毕业生就业受到影响，因为毕业生违约、录用时间等系列原因，会使得其他毕业生也无法被补录。所以，在就业过程中，毕业生应谨慎挑选，冷静定夺，做到严格履约和实践。

六、就业协议与劳动合同的关系

（一）就业协议与劳动合同的相同之处

毕业生和用人单位就业协议书的签订是一个双向选择的过程，在协议双方完成要约、承诺之前，毕业生应愿意在用人单位工作，同时用人单位也愿意聘用此毕业生。就业协议指的是一种法律依据，应用于高校毕业生与用人单位间。从劳动关系建立层面来说，就业协议和劳动合同是相互关联的，换句话说，就业协议是劳动合同的一种特殊表现形式，劳动合同被视作是就业协议的本质。它们的共同点在于如下方面。

1. 合同的性质一致

从本质上来说，用人单位与毕业生签订的就业协议就是双方间劳动关系建立的保障，毕业生应到签约单位报到，用人单位则应为毕业生安排相关工作。从劳动关系确定层面来说，用人单位在面向社会的招聘和对大学毕业生的招聘过程中所签订的劳动合同和就业协议是没有差异的，只在培养、待遇等方面可能存在不同。

2. 主体的意思表达一致

对于就业协议与劳动合同，双方当事人商定的权利、义务关系均是在充分表达、协商一致主观愿的前提下制订的，二者对于双方当事人都是平等、公正的；双方当事人对就业协议或劳动合同确定的权利、义务也全部认可，同时应在实践中践行。所以，从自愿、切实表达主观愿望层面来说，签订就业协议的用人单位与劳动者和签订劳动合同的双方当事人在签订相应的合同时，双方当事人所表达的主观意思所处的状态相同。

3. 法律依据一致

因为就业协议被视作是确定劳动关系的一类协议，所以用人单位对毕业生录用、接收后，应设置见习期或试用期和最低劳动年限的规定，这是与劳动合同要求相符合的。《劳动合同法》中的有关规定是就业协议解决争执纠纷时应遵从的依据。

（二）就业协议与劳动合同的不同之处

就业协议指的是用人单位与高校毕业生明确在毕业生就业工作中权利与义务和劳动关系制订的协议。在供需见面和双向挑选后，就业计划与派遣工作是以协议书签订各主体签订毕业生就业协议书为依据的，这是教育部颁布的《普通高等学校毕业生就业工作暂行规定》的要求。劳动合同指的是用人单位与劳动者制订劳动关系、明确双方权利与义务关系的协议。《劳动合同法》规定，建立劳动关系需要签订书面劳动合同。二者的不同表现在以下几方面。

1. 适用的法律、法规不同

《劳动法》与劳动人事部门颁发的与劳动人事有关的规章需要应用劳动合同。不过当前就业协议只能够应用于教育部颁布的《普通高等学校毕业生就业工作暂行规定》和相关政策，这是因为没有国务院颁发的相关毕业生方面的法规。

2. 适用主体不同

劳动合同指的是劳动者与用人单位间签订劳动关系的协议，合同生效的条件包括满足行政法规、无欺诈等行为要求，双方当事人商议一致且签字盖章。学校不是劳动合同的主体，也不是劳动合同的鉴证方。不过就业协议既需要有毕业生与用人单位的签字盖章，又需要有学校的参与。在就业协议中学校虽然不是主体一方，不需要在协议书上签字，但学校是签证的登记方负责在协议书上盖章，只有经过学校登记的协议书，才能被列入学校的就业方案中。为保障协议的严肃性、确保用人单位的利益、保证协议的有效性，学校毕业生就业工作部门应对就业协议进行签证。就业协议书既包括学校、毕业生、用人单位三方签字盖章，又包括有无人事权的用人单位的上级主管部门的签字盖章。

3. 签订目的和内容不同

作为毕业生就业基本情况的认定，就业协议被视作是主管毕业生派遣、确定毕业生工作意向、确定学校编制就业计划和确定用人单位接收意向的依据。劳动合同则是用人单位与劳动者明确劳动关系中权利与义务关系的协议。根据《劳动合同法》的相关规定，劳动合同具有内容更细致、具体，劳动权利与义务更清晰的要求，劳动合同指的是用人单位与劳动者在从事的具体工作与享受待遇等权利与义务的约定。就业协议的条款相对简单，主要是用人单位切实向毕业生介绍本单位情况，同意招聘这一毕业生，毕业生切实向用人单位介绍自己，表达在规定时间到用人单位报到的意愿等，此外还包括一部分简单条款。

4. 适用的人员不同

各行各业的人员都能够把劳动合同作为对自己劳动的保障。只要是中华人民共和国公民且具有健全的劳动能力与满足法律规定的相关条件，在双向挑选、供需见面后，只要被录用就能够与用人单位签订劳动合同。而就业协议只在高校毕业生群体中应用，适用的人群相对单一。

5. 签订时间和时效不同

通常来说，只有先签订就业协议，才能签订劳动合同。按要求学生在离校前应签订就业协议，此协议是毕业生被用人单位聘用后签订的。而劳动合同是毕业生到用人单位报到后签订的。倘若在住房、工资待遇等方面用人单位与毕业生提前有相关规定，能够在就业协议中的约定条款中注明，附后补充，在日后签订劳动合同的过程中对这一内容应予以认可。如此看来，就业协议和劳动合同是处于两个彼此联系的不同阶段的协议。就业协议一经签订便产生效力，毕业生到工作岗位报到后效力解除。就业协议的作用只能用来约定毕业生的就业过程，毕业生到用人单位报到后，就业协议的任务也就结束了。就业协议并非确定劳动关系的凭证，无法替代劳动合同。

第四节　大学生求职陷阱及防范对策

由于人事分配制度在由传统的包分配就业模式向人才的双向选择模式转变的过程中，有许多求职法规还不完善，这就给不法分子带来了投机的空子。虽然求职之路充满了成功的契机和可能，但是同样也存在着的骗局与陷阱。因此，作为求职者需要正确地选择求职就业的途径，冷静面对可能遇到的陷阱以及准确识别求职中的陷阱，保障自身合法权益不受侵害。

一、求职陷阱

所谓求职陷阱是指在大学生求职就业过程中，用人单位或一些不法分子为达到某种目的有意设计的圈套。根据目的和性质的不同，求职陷阱有善意陷阱和恶意陷阱之分。善意陷阱不以侵害大学生权益为目的，常见在用人单位面试、考核毕业生过程中，作为考核内容的一部分，旨在观察毕业生的能力与素质；而恶意陷阱则是以侵害大学生的权益为目的，这类陷阱情况复杂，形式多样，近年来呈上升趋势。毕业生应了解形形色色的求职陷阱，在今后的求职过程中作为借鉴，高度警惕，认真识别。

（一）招聘会陷阱

部分以获利为目标的个人和机构尝试进入大学生就业这个行业市场，同时当代大学生就业也逐步发展为社会的热点。虽然国家对大学生就业市场有明确的规定，不过大学生在就业市场中经常会遇到某些不正规的招聘现象，如有的单位只是将招聘会视作推广的机会，"出工不出力"，只"招"不"聘"。一些单位收了求职者的简历而没有给任何回复。不以盈利为目的的毕业生就业洽谈会只有高校主管部门才有权开展，别的机构只有获得主管部门批准才能召开这类就业招聘会，这是广大毕业生应该注意到的。毕业生要有选择性地参加适合自身的人才招聘会，切忌盲从。

（二）职业中介陷阱

在校园招聘会上，很多毕业生倘若未能找到适合的单位，就会把找工作的方向定位某些职业中介，但是通常一些职业中介以介绍职业的名义，只干骗钱的勾当。主要包括以下三种情形。

（1）当求职者交了中介费后，他们就会列出一堆理由让求职者耐心等待机会，接下来或是石沉大海，或是介绍一些与求职者求职要求不符的职业，更有甚者会随便安排求职者去一些条件极差或是根本不存在的单位面试。

（2）一些非法中介公司事先与某个小单位串通，先安排毕业生在这些单位工作，一两天后，便以各种理由将毕业生辞退，或设计各种障碍让毕业生自行离开。

（3）一些中介公司巧立名目，安排求职者进行面试或培训，收取更多费用后便以面试、培训不合格为由将求职者退回。

以上三种情形的结果都是一样的，当求职者回过头找中介退钱时，所谓"中介公司"要么找不到人，要么无理抵赖。当然，面对如此骗局，对涉世未深的大学毕业生造成的不仅仅是经济损失，更重要的是心灵伤害。在这里要提醒毕业生，除了未经工商注册，完全以骗钱为目的的不法中介被称作黑职介外，某些具有合法手续的职业中介机构也会设置各种名目压榨求职者，也被称为黑职介。近年来有些黑职介改头换面称作"人力资源公司"，其目的无非是以大头衔来博取求职者的信任为自己敛财。希望毕业生增强对职业中介机构的辨别能力，到正规、合法的人才交流中心登记或到学院推荐的正规职业中介求职。

（三）媒体求职陷阱

由于广播、电视、报纸、杂志、互联网等媒体覆盖面广、信息量大，很多此类媒体也都开辟了求职招聘专栏，为供需双方搭建桥梁，因此，阅读招聘广告也成为毕业生获取求职信息的途径之一。但是，在"满天飞"的招聘广告中，挑选一份称心如意的工作并非易事，稍不留神，还可能掉入五花八门的广告陷阱之中。

1. 虚假招聘广告

（1）不法分子刊登或发布的虚假广告

初次求职的大学生对工作薪水常常有高于实际的要求，一些不法分子利用毕业生的这一心理，以夸张、离谱的高薪为诱饵，在广播、电视、报纸、杂志、互联网等媒体上发布招聘信息，诱使大学毕业生上当，被其控制强迫从事传销等违法活动，有些甚至还会以此要挟勒索求职者。

（2）用人单位刊登的虚假广告

①无偿试用。某些单位在招聘广告上或是列出诱人的人才引进条件，或是冠

以"长期急聘"等字眼，待毕业生报名应聘后，便以考察能力为由，不与应聘者签订劳动合同，也没有明确的试用期规定，目的是借试工之名，欺骗求职者为其提供无偿廉价的劳动。

②招聘单位介绍及职位名称不属实。一些单位为了提高入职要求，或吸引高学历的应聘者，常常夸大招聘职务头衔，或是美化单位形象，误导求职者。因此，毕业生要擦亮双眼，认真解读招聘广告，进行实地调查研究，确保信息真实的情况下才能应聘签约。

③以招聘之名行广告之实。有些单位经常在网站、广播、电视、报纸杂志上刊登招聘广告，却只发消息，不见招人，其目的不是为了提高单位知名度，就是为中介单位打广告，或是掩饰单位危机，避开债权人的讨债压力。对于这类广告信息，毕业生大可不必浪费时间、精力去理会。

有些公司经常会通过编造与美化的方式宣传招聘岗位信息由此吸引求职者。这些公司为牢固地留住求职者，通常采取的方式是开出高薪条件让应聘者立刻签订合同，同时约定违约的高额赔偿。比如，某些不正规的中介机构和网站，截取求职简历，收集大量个人信息，售卖给企业作为销售信息。与此同时，虚设岗位也被视作是求职者遇到的虚假广告中的一种，也就是通过好听的新概念、新名词包装岗位，形成良好的宣传效果。比如，单位招聘广告上的职位信息与实际的职位信息可能存在偏差，如在招聘广告上职位为"市场总监"或"保险事业部经理"，而实际职位为"业务员""保险代理员"等。有些单位为让求职者持续工作下去，通常会打着"到基层先锻炼锻炼"的名义欺骗求职者。

除一些骗人的方法外，还可通过开出具有吸引力的高薪条件的方式。信息不匹配是毕业生求职上当被骗的主要原因。在求职的过程中，毕业生易于受骗上当的原因主要包括两个方面：一方面是求职心切，不利用行业、校园网站等对用人单位信息进行充分了解，而只是听取用人单位的广告宣传；另一方面是求职者轻信用人单位详细的录取要求，包括录用标准、程序、所需岗位要求与福利、薪资等的描述。

2. 网络招聘广告陷阱

非法分子还会委托专业人员建立精美的网站欺骗应聘者。这些专业人员主要通过两种方式制作公司网站,一是挑选一个相对规范的企业网站模板,在模板中填写编造的内容和公司简介等信息;二是以一家公司为"样本",把"样本"公司的整个网页全部复制。此后,诈骗分子就能着手把虚假招聘信息发布在全国各高校网上或主要的招聘网站,同时将网站网址公开,用假扮中介单位或用人单位的方式收取、赚取大学生的中介费和就业押金;骗取大学生求职简历,据此向用人企业收取招聘费、信息费;打着招聘的名义将大学生带入传销陷阱等方式实施网络招聘诈骗。此类陷阱隐蔽性强、具有一定的科技手段,而且运作过程也不再需要实体,甚至可以通过网络划账来进行诈骗。

(四)社会关系陷阱

由于心理发展不很成熟,加之社会阅历尚浅,以及一些社会不良现象的影响,很多大学生对毕业就业态度悲观,认为通过正当渠道就业的概率小,更多地将求职就业的希望寄托在走后门托关系上,这样就给了一些不法分子可乘之机。社会关系骗局与职业中介骗局不同的是,这类骗局的主体是以个人为名义的。一些"能人"将自己说成是政府机构的人,或是某些官员的亲戚,在相信"有了关系好办事"的人群中,这些人是颇有市场的,他们往往以可帮自己找到一份好工作但需要活动费与辛苦费为由骗取钱财。

(五)创业陷阱

一些毕业生可能会选择个人创业来开始自己的职业生涯,虽然是自己做老板,但同样也会遭遇骗局,如果不加以分辨,会蒙受很大的损失。

1. 快速致富骗局

涉及快速致富方面的骗局,行骗者往往发布虚假信息,通过欺骗手段,描述经营对象的美好发展前景,哄骗客户进行资金投入,然后不是失踪,就是以假冒伪劣产品冲抵客户所付货款。

2. 连锁加盟骗局

目前,连锁加盟这一商业模式正在不断向多行业、跨区域方向拓展,为许多创业者提供了致富成功的平台,但连锁加盟也是一把"双刃剑",加盟者不仅会在发展模式等诸多方面受限制，还有可能上当受骗。例如，有些人会利用这一概念，将商品销售装入连锁加盟的"瓶子"里，打着连锁加盟的名头，而实质却是出售其设备；还有些特许加盟成了某些不法分子快速"圈钱"的手段，总部收到加盟费后，对连锁店不管不顾，进货、销售渠道不畅通，导致加盟店倒闭。

（六）协议陷阱

大学生找工作时，要与单位签订就业协议。就业协议是双方表示意愿的一种约定。毕业生在签订协议的过程中时常会出现以下三种问题。

第一种是口头承诺。口头承诺要想具有法律约束力，就需要有纸质协议书作为佐证资料。协议主体间的矛盾争议受损失的通常都是学生，所以应将双方口头协议的事都写入合同或就业协议书中。为确保协议内容没有缺项和歧义，毕业生除了在签约前应反复检查，还必须以相关要求为依据和用人单位签署就业协议，将双方口头协商的内容都写入协议。在签约前需要考虑很多问题，包括详细考察企业情况、向经验丰富或学校老师请教经验、多提一些自己需要考虑的问题、勇于向企业提问。

第二种是不平等协议。就业协议变成不同程度的"霸王合同"主要是因为大学生在签订就业协议的过程中存在三点不足，分别是看不懂或不敢置疑不平等条款、在求职过程中处于被动地位、欠缺维权意识。因此，避免没有保障的不平等协议是大学生签订就业协议时必须要注意的。

第三种是就业协议取代劳动合同。一些单位的劳动合同是用就业协议来取代的，原因在于用人单位在就业协议中的很多约定不满足劳动法规定的要求，倘若签订了劳动合同，很多不满足劳动法规定的要求就无法存在了，用人单位也就不能够违法用工。

《全国普通高等学校毕业生就业协议书》是明确学校、毕业生和用人单位在毕业生就业工作中权利与义务的书面表现形式。就业协议不能作为劳动关系保障的凭证，无法取代劳动合同，因为此协议只局限于对学生就业过程的约定，从毕业生进入用人单位工作开始，就业协议的法律效力就结束了，也就是劳动合同签订且生效代表着就业协议的作用完成。由此观之，就业协议和劳动合同都是用来制约大学生和用人单位间权利和义务的文件，只不过发挥效力的阶段不同，前者是双方建立劳动关系之前，后者是双方建立劳动关系之后。因此，在试用期内，毕业生在到用人单位报到后，用人单位也应和用人单位签订劳动合同。大学毕业生进单位工作属劳动关系，应该签订劳动合同。劳动合同应该约定合同期限、试用期、报酬、社会保险、工作岗位及作息时间等基本条款；岗前试用，不得违反劳动合同规定的试用期，且试用期包含在劳动合同期限内；试用期内，用人单位违反法律规定，劳动者有随时终止试用关系的权利；双方解除劳动关系时，要办理交接手续，避免今后劳动者维权时，因手续不清给自己维权造成损害。

针对协议陷阱，大学生在与用人单位签订就业协议时，要特别仔细地辨识是否存在陷阱。一要看协议是否合法；二要看协议是否全面；三要对协议书仔细推敲；四要正式报到上班后，及时在协议书基础上与单位协商签订一份有效的劳动合同。

（七）试用期陷阱

试用期主要有两方面的作用：一方面是劳动者细致了解用人单位与自己匹配程度的期限；另一方面是用人单位考核评价新招聘的劳动者是否满足标准的期限。在劳动合同中试用期被视作是一个特殊的阶段，对协助用人单位用最小的成本风险招聘到优秀人才和提升劳动者的竞争及风险意识均具有至关重要的意义。不过，在试用期，大学生由于缺乏经验会出现权利被侵犯的现象，用人单位会以试用期为由逃避本单位应承担的在责任，利用试用期随意解除劳动合同。试用期陷阱主要有以下两种。

在签订劳动合同的过程中，"试用期"被视作是刚毕业的求职者最容易上当受骗的阶段。大学生在找工作中遇到的一般问题为：以不满足工作要求为由被辞退或试用期过长。在《劳动法》的相关规定中，试用期时长不能大于 6 个月。在进行招聘时，某些企业只会承诺等员工转正后工资会有较大提升，而不会提高试用期内较低的工资和确定试用期的具体时间，然而最后企业通常会在试用期快结束时用各种借口炒求职者的"鱿鱼"。倘若一个企业的试用期时间过长，不但会影响求职者的职业发展，而且会让求职者的经济受到很大损失。

《劳动合同法》第十九条规定"劳动合同期限 3 个月以上不满 1 年的，试用期不得超过 1 个月；劳动合同期限 1 年以上不满 3 年的，试用期不得超过 2 个月；3 年以上固定期限和无固定期限的劳动合同，试用期不得超过 6 个月。"

面对试用期陷阱，毕业生最好的办法就是要拿起法律的武器保护自己。一是多方面了解企业的情况，对于新企业或信誉不好的企业更要小心提防。可以通过多个方面增加对那些人员入职与离职率很高的公司的了解，包括摸清某企业裁员规模、公司在工作者中的口碑、往年的招聘数量与当前是不是在招人。二是入职用人单位后，一定要准时与用人单位签订劳动合同。三是在试用期应留存考勤表、劳动合同等凭证，同时很多可以作为自己和用人单位有劳动关系的凭证均应妥善保管，包括工作内容、工作起始时间等。四是应提高法律意识，对《劳动合同法》应有相应的理解，倘若遇到不合规增加试用期、不付工资等权益被侵害现象，为方便捍卫自己的合法权益，应及时向劳动监察部门提出诉讼和仲裁或举报。比如，根据《劳动法》第二十一条相关规定可知：在劳动合同中能够规定的最长试用期时间为 6 个月。同一个用人单位和劳动者只能约定一次试用期。此外，根据《劳动合同法》第 39 和 40 条规定可知，用人单位只有在几种相应条件下才能与劳动者解除劳动合同，包括在试用期劳动者未能达到录用条件等 6 种情况，与劳动者非因工负伤或患病，医疗期满后，未能从事原来工作和从事由用人单位另外安排的工作等几种情况，不过需要提前 30 天用书面形式告知劳动者本人。

（八）培训陷阱

经常会有某些培训机构在大学生的就业过程中，持续给大学生推介"保证就业""高薪就业"之类的机遇，这些都可能存在陷阱。一是收取培训费未安排工作。某些培训机构通过"保证就业""高薪就业"等各种理由诱骗大学生的培训费，使大学生接受完培训后仍无工作。二是用人单位与培训机构一起坑骗大学生。大学生缴纳了高昂的培训费后，被介绍到某些位置偏远、层次不高的企业，无人关注的低薪岗位，还有可能在试用期就被找理由辞退。三是用人单位的培训陷阱。一些用人单位要求新入职的大学生一定要通过相应机构的培训且达到合格后才能被录用。但是大学生支付了昂贵的培训费后，能通过考核的人并不多，就算是通过考核被录用了，工作刚满试用期或见习期也会被以不同理由辞退。四是延长劳动培训时间，限制学生自由。这些单位采取的具体方式是在大学生入职工作前和他们约定好，单位出钱送大学生某个培训机构参加培训，同时签订劳动合同或培训上岗协议，规定培训满足合格标准的人才可以上岗，且应签订长期的劳动合同，时间应不少于一年，并设置高额的违约金。某些单位还会扣押大学生的证件。

某些黑心单位会在招聘过程中让求职者支付登记费、信息费等各类名目的费用，却不组织任何面试，也不需提供任何学历证明，一旦中介公司和用人单位赚够了足够的钱后，求职者就会被以不同借口给"辞掉"。

国家人事和劳动等相关部门早就明确规定，员工的培训费应由企业承担，从企业成本中支付，同时用人单位不能用任何理由收取应聘者的保证金、报名费等费用。某些公司和企业抓住很多毕业生对国家关于就业保障的相关规定不熟悉的特点，忽略国家规定，巧借理由，收取应聘者的费用。求职者迷迷糊糊地支付了费用，当意识到是骗局时，很多人也只会自认倒霉，而不敢反抗。因此毕业生求职前，应熟悉国家的有关法律、法规，包括《劳动合同法》《劳动法》，以及人才市场、劳动部等条例规定与地方政府有关的规章制度，当遇到各种理由的收费时，应坚定反抗，不要受薪金、职位的诱惑。无论此企业的承诺多么诱人，这样的企业都是不可靠的。

二、防范对策

大学毕业生如何保护自身的合法权益也是新形势下高校毕业生应该具备的基本知识。

（一）正确认识自我，克服不良求职心理

清晰地认清自己，追寻与社会相适的自我价值且合理地规划自我，培养良好的自我意识，对大学生挑选就业单位有至关重要的意义。成为大学生并不能代表自己就是一个毫无缺点的人。毕业生应对自己有准确地认知，明确自身的缺点与不足、特长与优点，对个人有一个正确、全面和客观的评价。只有具备清晰的自我认知，才能够防止求职过程中盲目性的出现，只有工作目标设定合理，才可以

有针对性地找到适合自己的位置。同时，为防止降低焦虑和择业受挫引起的痛苦，产生心理冲突，大学生还必须及时调整就业期望值，保持积极主动的择业心态，真实地面对自己。

（二）了解国家关于毕业生就业的方针、政策

大学生应了解目前关于毕业生就业的方针、政策、规范以及它们之间的关系，熟悉毕业生在就业过程中的权利和义务、毕业生就业的权益、保障毕业生求职就业权益的部门等，提高自己的法律意识，必要时要懂得用法律武器保护自己的合法权益。

（三）全面解读招聘广告，规避求职陷阱

根据劳动和社会保障部门有关规定，用人单位的招聘行为是受到劳动保障部门监管。招聘广告的内容应该是具体的，应该包含劳动合同的主要条款，如用人单位的性质、招聘的岗位、人数及薪酬福利待遇等信息。这样内容明确具体的广告，对发出人具有法律约束力，一经承诺即成立，体现了劳动法对劳动者的保护，防止用人单位及不法分子利用招聘广告欺骗求职者。同时，作为求职者，毕业生也应该全面解读招聘广告，核实招聘广告的合法性，确保自身权益不受侵害。

（四）正确认识职业中介

从合同法的角度看，中介与当事人的关系属于中间合同关系。中介是一种以委托人的名义，为其提供订约机会的中间人。职业中介作为这样的中间人，是指为求职者和用人单位提供其他中间服务的专营或兼营的组织。求职者可以下几个方面加以识别。

（1）查看职介机构是否在经营场所醒目的位置悬挂由省、市劳动保障部门核发的《许可证》正本和工商行政部门核发的《营业执照》正本，这些证照是否在有效期内，是否有规范的名称、明确的业务范围，经营场地是否与核准的地址相符，是否具有税务部门核发的税务登记证和物价部门核发的收费许可证。

（2）查看职介机构的从业人员是否持证上岗，凡接待求职者和用人单位的从业人员必须佩戴由劳动保障部门验印的职介从业人员资格证。

（3）查看有关信息，签订《求职招聘合同书》。求职者到职介机构咨询、查阅信息时，需要重视查阅用人单位的委托招聘简章和聘书，同时需要签订《求职招聘合同书》。

（五）运用法律手段维护自身合法权益

毕业生应学会运用法律手段维护自身的合法权益。大学生就业权益的法律保护主要有两类：一是作为一般劳动者享有的合法权益；二是作为大学生这一特殊群体享有的权益。与毕业生就业相关的法律、法规被划分成四个层次：第一个层次指的是有关的法律，比如《劳动合同法》和《劳动法》，它们在劳动、就业市场运作层面占据主导位置，拥有绝对的权威性；第二个层次指的是国家教育部与相关部委关于毕业生就业的规范，比如教育部颁发的《普通高等学校毕业生就业工作暂行规定》，该规定对全国高校、毕业生、用人单位具有普遍的约束力，是目前最为系统全面的就业规范；第三个层次指的是各地方就业主管部门有关毕业生就业的规范性文件；第四个层次指的是不同高校有关毕业生就业的细则、管理规定、实施办法等。国家、社会为毕业生就业提供了诸多保障，作为毕业生也需要依照相关就业规范，为确保自身的就业行为不对其他毕业生产生影响，且不违反就业规范，应接受相关就业规范的制约。

第六章　其他相关指导

很多的大学生会选择考研或出国深造,还有一部分大学生会选择公务员考试,还有一部分大学生响应号召入伍当兵。本章共分为四节,分别是报考公务员指导、考研指导、出国留学指导以及大学生应征入伍指导。

第一节　报考公务员指导

报考国家公务员是大学毕业生就业的一条主要途径,也是许多大学生的理想职业岗位。在报考公务员之前,应当了解报考公务员的步骤、所具备的素质以及条件。

由国家财务管理工资福利、依法执行职务、纳入国家行政编制的工作人员被称作公务员。只有参加国家公务员考试并获得合格,才能成为公务员。

在我国当前阶段,党的人民检察院、机关、政协机关、人大机关、人民法院、群众团体机关在招考工作人员的原则方面都应遵循公务员招考办法同期开展。

一、公务员报考热原因分析

大学生参加公务员考试有各种各样的原因,如下主要从社会、个人和国家层面对大学生偏爱于报考公务员的原因进行简单分析。

(一)个人层面

很多大学生通过亲身经历或参加企业招聘会的工作后,认为企业对大学生在计算机等级、学历水平等方面有较高的要求。此外,相较于公务员,在企业工作存在几点不足,分别是交通住行、五险一金和工资等保障差,工作压力大、时间长、工资低、加班多无加班费等。而公务员在这些方面稍有优势，主要表现为一是公务员的报考条件不高，大专以上文凭就可报考，有些岗位英语四级证书也不是报考限制条件；二是公务员编制具有相对稳定、裁员率低的特点；三是公务员在工作与放假时间、加班等方面待遇较好。

而且，受传统观念的影响，人们对公务员工作普遍认可度较高。同时，由于就业压力增大，很多人也把公务员作为一条解决工作问题的重要途径。

（二）国家层面

首先，为提高公务员队伍的综合素养，近些年来，公务员招录数量和报考岗位均在增加。支持大学生报考公务员不但能够补充公务员各职位的空缺，还能够在为政府机构更换新鲜血液的同时激发政府内部人员的活力。其次，国家为支持大学生为投身基层服务，颁布了生活补贴、学费补偿等一系列优惠政策，吸引众多学子报考公务员岗位。

二、面对公务员报考，做出理性选择

面对公务员报考热度不断增加的情况，为协助大学生作出科学的选择，社会、个人和政府应一同发力。

（一）个人应理性选择

第一，学生毕业后不管是到企业还是公务员单位工作，拥有一些基本能力和素质是必然要求，因此学生应充分利用好在校时间用心学习且夯实专业基础知识；与此同时，为增加自身实践能力、培养兴趣和养成优秀的交际能力，应多参加课外实践、社团等活动。第二，个人需要依据自身具体情况进行慎重挑选。有当公务员的计划就去努力备考，有从事科研的目标就继续深造，有想在社会打拼的职场奋斗。第三，生活中各种行业数不胜数，每个行业都有每个行业的佼佼者。每一职业都有各自的作用与任务，不应对一些职业持有反对或排斥的偏见，而应形成平等的就业观。综上观之，毕业生面对多种选择，需要慎重挑选，做到不从众、不盲从。

（二）政策的灵活性

第一，在公务员考核中，应采取放管结合的方法。报考公务员时，尽管通过对大学生进行扩招有助于解决一些学生就业问题，不过公务员的筛选还是十分严格的。作为政府政策的实际落实者，公务员既要有过硬的政治素养，还要有高觉悟、高素质和真心实意为人民服务，以扮演好为保障人民利益执行者的角色。第二，应用合同制，比如签订2年或3年的劳动合同，在检验与考核后，倘若每项指标都未达标，为防止导致更大的损失，应及时解雇这类工作人员；倘若每项指标都合格，同时受人民的欢迎，为让他们更好地为人民服务，需要继续签订合同。第三，为推进公务员自身能力和自身素质等方面的提升，政府内部需要构建相关的竞争机制。

（三）社会各方共同努力，促进大学生成长进步

家庭方面：父母不应过多的干涉孩子的选择，尊重且信任孩子能够独自且正确地对个人未来的职业规划作出科学的选择。

学校方面：高校需要做好特别是针对大学生就业指导方面等的本职工作。相比于看重结果，就业指导应更重视过程。不只是毕业前通过简单培训进行的就业信息、政策和形势的指导，而是对整个大学阶段教育的指导。此外，为协助学生更好地就业，应邀请专业教师对学生就业进行专业性、全方位的指导。

企业方面：首先，应为刚进入职场的毕业生提供更加包容的空间，并为他们提供学习的机会和展示个人能力的舞台；其次，为降低大学生的就业压力，推进大学生成长进步，应平等看待男女学生，让他们实现共同协作，在增加企业效益的同时完成好各自的社会责任。

三、公务员招考步骤

各级人事部门统一安排公务员选拔考试，通常包括如下步骤（各地区与各部门在详细细节方面会有不同，应以主要负责组织考试的有关部门的规定为标准）。

（一）发布招考公告（简章）

报考公告（简章）的内容涵盖：招考单位、职位、专业、人数、资格条件、报名方式、考试科目、内容、报名及考试时间和地点等。

（二）报名

倘若有网上报名应先在网上填有关资料，然后把这些资料打印出来，在规定的时间里持有关证件，到规定的地点接受资格审核。

倘若只有现场报名，考生应到指定的报名点准备报名手续。考生通常应持如下报名资料：应届毕业生持本人身份证、学生证、《应届毕业生就业推荐表》、成绩单、近期正面免冠照；其他人员持本人身份证、户口本、学历证和有关证明材料以及本人近期正面免冠照。

（三）考试

面试与笔试共同组成了考试的内容。笔试通常具有三个统一的特点，分别是：统一命制试卷、考试时间和组织阅卷评分。从通过笔试的考生中挑选进入面试的考生是人事部门的职责，应以拟录用人数规定和招考职位的比例为依据，面试时间如有更改，会在规定时间内在有关网站上进行公布。

（四）体检和考核

笔试、面试成绩按规定的比例得出总成绩，然后按总成绩从高到低的顺序对通过面试的考生进行挑选，根据招考职位拟录用人数等额确定体检和考核人选。

（五）录用

以考生总成绩高低顺序和体检、考核结果，分类择优确定录取人选，申请省人事部门的批准。

（六）试用期

新招录的国家公务员，有一年的试用期。试用期满足职务要求的，能够正式任职；不满足职务要求的，取消录用资格。

四、应具备的基本素质

国家公务员素质的高低，直接影响着机关的效率和威信，关系着事业的成败。因此，机关对报考公务员的大学毕业生在素质上有较高的要求。

（一）较高的思想政治素质

有一定的思想政治理论水平，能用马克思列宁主义、毛泽东思想、邓小平理论"三个代表"重要思想、科学发展观、习近平新时代中国特色社会主义思想去分析问题、解决问题。坚决贯彻执行党的基本路线，坚持社会主义方向；坚持理论联系实际、实事求是的思想路线，一切从实际出发，按事物发展的客观规律办事。

（二）良好的职业道德修养

公务员应具备的职业道德修养主要包括以下方面：

（1）全心全意为人民服务。把"人民拥护不拥护，人民高兴不高兴"作为处理公务的准则。

（2）实事求是，秉公执政。公务员应该具备实事求是的优良作风，坚持原则，讲真话，克己奉公，不徇私情；不讲假话、空话、大话，更不能欺上瞒下，弄虚作假，口是心非，投机取巧。

（3）勤政廉洁，禁绝奢华。公务员只有勤勤恳恳地为人民服务的义务，而没有任何利用职务之便占"便宜"的权利。

（4）严以律己，宽以待人。公务员只有严以律己，才能使党和国家的方针政策得到贯彻，才能团结人民取得社会主义事业的胜利。

（三）较强的业务能力

只有熟悉与本职工作相关的业务，才能胜任本岗位的工作。因此，公务员应全面掌握与本职有关的专业知识，以及法律、经济、行政管理等基础知识，具备从事本职工作的基本业务能力。主要包括以下几个方面。

1. 调查研究能力

调查研究是公务员的基本功，要不断观察行政运行过程中各种因素的变化，收集、整理、分析各种政务信息，主动寻找问题，针对问题进行调查研究，深入到群众中去听取他们的意见和建议，以作为制订政策、作出决策的重要依据。

2. 决策和计划能力

管理的过程就是决策过程。每一个公务员在参与决策时都必须考虑社会影响和社会承受能力，精心地设计方案供领导选择；同时，还要善于将政府的决策变为切实可行的实施计划，变成为人民群众服务的具体行动。

3. 综合协调能力

现代社会往往把一项复杂工作分散给无数的人去做，只有每个人完成自己分管的工作，才能使该项工作得以圆满完成。这就要求公务员具有较强的综合协调能力。要学会协调不同部门、不同地区之间的关系，不断解决矛盾，围绕决策要达到的目标，团结各方面力量共同工作。

4. 语言文字表达能力

语言文字是相互沟通的媒介，晦涩、冗长的语言使人不得要领，含糊不清的语言会使人误解，语言的误用会造成行政管理的失误。因此，公务员必须熟知和使用规范的语言，力求简洁、准确。

5. 公文的撰拟与办理能力

这里的公文指公务文书，是行政管理运行的载体。撰拟与办理公文是每个公务员的基本功。因此，公务员应熟悉和了解公文的种类、体例、格式及办文程序，严格按照有关规则撰写和办理各类公文。

（四）健康的身心素质

健康的身心素质是从事公务活动的前提，也是国家招考公务员的基本素质要求。主要包括健康的体魄、良好的适应能力、合群的性格和多方面的兴趣爱好等。

五、报考国家公务员的对象及条件

目前我国招考国家公务员的工作分级进行，国家公务员考试由人事部统一组织实施，地方国家机关招考公务员由各省（自治区、直辖市）人事厅（局）组织实施。虽然报名、考试时间有所不同，但招考条件和考试内容大同小异。

（一）招考对象

招考对象为应届和历届毕业的专科生、本科生、研究生（定向培养生除外）。

（二）报考条件

（1）具有中华人民共和国国籍。

（2）拥护中华人民共和国宪法。

（3）具有良好的品行。

（4）具有符合职位要求的工作能力。

（5）具有正常履行职责的身体条件。

（6）具有大专以上文化程度。

（7）具有招考职位要求的资格条件。

六、国家公务员考试与地方公务员考试的区别

（一）从概念来说

国家公务员考试是指中央、国家机关以及中央国家行政机关派驻机构、垂直管理系统所属机构录用机关工作人员和国家公务员的考试。地方公务员考试是指地方各级党政机关，为招录机关工作人员和国家公务员而组织进行的各级地方性考试。各项考试单独进行，彼此间不存在从属关系，考生根据自己要报考的政府机关部门选择要参加的考试，也可同时报考，相互之间不受影响。

（二）从考试性质来说

国家公务员考试属于招聘考试，考生填报相应的职位进行考试，通过笔试、面试体检等录用程序，一旦被录取便成为该职位的工作人员。地方公务员考试有资格考试和招聘考试两种，绝大多数地方公务员考试采用的是招聘考试的方式，考生选择职位报名参加考试，考上后就直接录取为该部门的公务员。

（三）从招考对象来说

国家公务员考试是面向全国进行招考的，而地方公务员考试主要面向当地的

居民和在当地就读的大学生以及本省生源的大学生，一般只有那些技术要求比较强或者学历要求比较高的，属于特殊人才的才会全国范围里面招聘。

各省市对参加考试的应届生的生源要求各不相同。例如，北京公务员考试的招考公告中对外地生源的规定是"北京地区普通高等学校取得留京资格的大学本科以上外地生源应届毕业生"；上海市规定报考者应为"上海高等院校、国务院各部、委、办、局所属高校（含已划转地方的高校）"，或列入"211工程建设的地方高校的本科以上的优秀毕业生"；广东的要求则比较宽，为"具有国家承认的大学专科以上文化程度。非广东省常住户口（生源）报考者限普通高等院校（非在职）本科以上学历并取得学士以上学位的人员（报考'服务基层项目人员和退役大学生士兵'专门职位的除外）。"

一般地，政府在招录公务员时对应届毕业生是给予照顾的。近几年，在招考公务员中，对参加了如"西部计划""特设岗位""三支一扶""青南计划"等项目计划并服务期满的同学，还有5—10分的加分。

（四）从考试科目来说

国家公务员考试包括笔试（公共科目、专业科目）和面试。近几年这两类职位笔试科目均为《行政职业能力测验》和《申论》，只是在题目设置上略有不同，一般国考的行测是140道题目，比地方考试稍微难点，题量也多了20道。各个地方的考试科目都是地方自定的，一般都分笔试和面试。笔试科目各有不同。例如，北京考的是《行政职业能力测验》和《公共基础知识》；上海和广东考《行政职业能力测验》和《申论》；浙江省的笔试科目为《综合基础知识》和《行政职业能力测验》。因此，要报考地方公务员考试的学生要注意查阅当地政府公布的招考简章，以便有针对性地进行复习。

（五）从考试时间来说

国家公务员考试，指中央国家机关公务员考试，时间相对比较固定，一般集中在10、11月份，简称"国考"。国考是国家部委署总局招考在中央国家机关的工作人员的一种方式。

地方公务员考试时间差异很大，而且每年招考时间会有一些变动，一些省份一年还有春、秋季两次考试。此外，政府还会组织一些选调干部到基层的考试，有些部门还会单独招考。除了省里的考试，各个城市、州地也会有一些零散的考试，大家要注意查询政府部门的相关网站，高校网站也会及时收集信息，发布各地的招考公告。

报考各类公务员考试不受次数限制，只要时间上不冲突，可以参加多次公务员考试。如国家公务员考试、学校所在地的公务员考试、生源地的公务员考试，还有一些对生源没有限制的省份、城市的公务员考试，只要是符合条件的应届毕业生都可以参加。

第二节　考研指导

高等学校和科学研究机构招收攻读硕士学位研究生，是为了培养热爱祖国，拥护中国共产党的领导，拥护社会主义制度，遵纪守法，品德良好，为社会主义建设服务，掌握本学科坚实的基础理论和系统的专业知识，具有创新精神和从事科学研究、教学、管理或独立担负专门技术工作能力的高级专门人才。

一、研究生的种类

（一）按学习方法不同分类

按学习方法的不同，研究生分为脱产研究生和在职研究生。前者指在高等学校和科研机构进行全日制学习的研究生；后者指在学习期间仍在原工作岗位承担一定工作任务的研究生。

（二）按学习经费渠道不同分类

按学习经费渠道的不同，研究生分为国家计划研究生、委托培养研究生（简称委培生）和自费研究生。国家计划研究生的培养经费由国家提供，又分为非定向研究生和定向研究生（简称定向生）。其中非定向研究生毕业时实行双向选择的自由就业制度；定向生则在录取时就必须签订合同，毕业后按合同规定到定向地区或单位工作。委托培养研究生的培养经费由委托单位提供，录取时要签订合同，毕业后到委托单位工作。自费研究生的培养经费由自己提供，有时候也可以从导师科研经费中开支，或获取社会赞助。国家计划非定向研究生，通常就是所说的"公费"研究生，目前在硕士研究生招生名额中占据较大份额，但随着连年扩招，自费研究生的份额也在不断扩大。

（三）按照专业和用途的不同分类

按照专业和用途的不同，研究生分为普通研究生和特殊种类研究生。其中普通研究生占绝大部分。目前我国比较成熟的特殊研究生主要有工商管理硕士（MBA）和法律硕士（一般简称"法硕"），近来又出现了行政管理硕士（MPA）。特殊研究生和普通研究生在报考资格、学制要求、学习内容等方面均有很大不同。

（四）按照考试方式的不同分类

按照考试方式的不同，分为以全国统考、单独考试、法律硕士联考、MBA联考等方式取得资格的研究生。

二、读研究生的途径

对于应届本科毕业生而言，就读研究生可以考虑的路主要是两条：一是保研，二是考研。

（一）保研

保研，即"免试推荐硕士研究生"，一般每年秋季9月下旬至10月下旬在大四学生中进行筛选，规则制订和操作权由各学校掌握。因此学校不同，保研情况也各有不同。通常有以下几种：

1. 主要基于学习成绩的免试直推

这在保研名额中占据了大部分。一般做法是学校划定基本学习成绩要求，按照一定名额比例下发到各院系，由院系结合其他方面情况，上报名单，学校审批。

一般情况下只有班级前几名才可能保研。

2. 特长生免试直推

有些学校为了留住特长人才，往往给予特别优惠，免试推荐就读研究生。常见的有体育类和文艺类特长生，但名额非常少，要求很严，还有许多学校没有此类政策。

3. 校际间免试直推

教育主管部门为了鼓励高校之间学术交流，近几年大力提倡向其他高校免试推荐优秀毕业生。由于各学校保研条件和学生学习状况的差异，有时候在本校难以获得保研资格的学生在其他学校反而可能如愿以偿。因此，如果本校学生成绩很好，排名也比较靠前，但估计本校保研希望不大的，可以试一试跨校保研。需要注意的是，学生应该去寻求有关信息，并主动与对方学校取得联系。

4. 免试推荐、保留入学资格

这类保送生不是马上就去读研，而是保留入学资格一两年，先按照学校安排去有关部门工作，或作为教育部门选派人员去边远地区支教。通过这种途径保送的条件相对要低一些，但也不是人人都能申请，一般只有表现突出的学生干部或活动积极分子才有入选资格。

免试推荐并不代表不参加考试，许多学校为了确保推荐质量，还会加试一些科目，如英语、专业课等，而且复试也是必须参加的。

（二）考研

考研是一个艰苦而漫长的过程，一旦下定了决心准备考研，首要的问题就是报考志愿。科学理性地选择学校和专业是考研成功的第一步，在选择报考的学校和专业时，考生应该结合自身的意愿和条件以及将来自己的发展方向来考虑考研志愿。

1. 做好心理准备

在决定考研之前问问自己：为什么要考研？经历过本科阶段的学习，在准备考研时应该清楚自己真正需要的是什么，又该怎么去做。部分考生对自己的专业很感兴趣，认为应该更加深入地学习研究，用来增长自己的才干；有的需要更换自己的专业，在自己感兴趣或者更有前途的方向求得更好的发展；还有许多考生主要考虑提升学历以便将来能够找到更好的工作。

总之，应当慎重考虑自己所选择的学校和专业是否有利于将来的发展，是否能通过自己的努力来实现目标，是否符合自己的兴趣爱好。

2. 选择合适专业

在报考阶段，应该按照社会上的一些评价以及招考人数、录取难度等标准，理性地选择"最适合"的专业。这里，我们将研究生专业分为热门专业、传统专业和特殊专业加以分析。

（1）热门专业。热门专业主要指那些切合时代热点，社会需求量大，未来就业前景看好的专业。这些专业因其在社会的需求量大、求职机会多、未来发展也比较光明，为大多数考生所看好。例如，建筑、土木工程、计算机、金融经济类学科、法学学科、新闻类学科等。但是这类热门专业最大特点就是报考人数爆满、竞争激烈、录取比例较低。报考此类专业的学生最好评估一下自己的兴趣和潜力，广泛听取别人的意见，量力而行，选择好自己的专业。

（2）传统专业。传统专业主要是指那些社会总体需求量有限的基础学科类专业。这类专业常见的有文史类、哲学类、冶金类、地质类，数、理、化基础学科等。与热门专业相比，这类专业就显得比较冷门。但是由于其多年积累的严谨的治学体系，传统类学科专业对学生的综合素质的培养是其他专业所无法替代的。这类专业在研究生招生培养名额中占有很大的比例，且竞争也不太激烈。

（3）特殊专业。特殊专业主要指工商管理硕士（MBA）、法律硕士（JM）和软件工程硕士（MSE）以及公共管理硕士（MPA）等。与倾向于"研究"意义上的硕士研究生相比，专业硕士研究生在培养方面更注重实践与应用，培养的时间也较短（一般为2年）。工商管理硕士（MBA）招生考试相对独立，因为培养方向主要在应用方面，因此，特殊专业硕士的专业课水平要求较浅，更多的是考一些主要课程的基础知识。虽然特殊专业硕士招生学校数目少，但一般招生量较大，对于一些跨专业考试的考生来说，报考特殊专业硕士更合适一些。

3. 选择合适院校

在选择好专业后，接下来就要确定报考学校。在选择学校时应该考虑到以下因素。判断一个招生单位的质量通常可以从这几个方面进行判断：在该专业领域的地位；导师在报考专业领域内的影响力、学术成就；该学校（单位）在近年来所取得的学术成果等。考生应在全面了解招生院校真实的信息，权衡利弊后，作出正确的抉择。尤其是那些竞争实力一般的考生，更要借助于信息的收集，选择录取可能性最大的专业和招生单位。

具体来讲，首先要统计分析招生院校近3年来的录取分数线。一些比较好的学校的总分和单科录取分数线有可能会高于全国统一最低分数线。其次，要统计分析所报考专业近3年来的录取平均分。这些数据应该尽量往前多收集几年，可以看出一个趋势，分析一下录取门槛是逐步降低还是逐步抬高，是基本稳定还是剧烈波动。逐步抬高的难度比较大，而波动剧烈的风险比较大。在选择学校和专业时还应考虑尽量避开竞争焦点，把目标定的现实一些，提高自己的录取概率。

总之，在选择学校时一定要把目光放得长远一些，根据社会经济发展和人才需求趋势理性判断专业的就业前景，切忌盲目跟风。其实无论哪个专业，关键是能否努力取得好成绩，只要有所成就，实现个人目标是水到渠成的事情。

三、报考条件

符合下列条件的，可以报名参加国家组织的全国统一招生考试。

（1）政治条件

①中华人民共和国公民；

②拥护中国共产党的领导，愿为社会主义现代化建设服务，品德良好，遵纪守法。

（2）学历条件

考生的学历必须符合下列条件之一：

①国家承认学历的应届本科毕业生；

②具有国家承认的大学本科毕业学历的人员；

③获得国家承认的高职高专毕业学历后，经两年或两年以上（从高职高专毕业日期算起），达到与大学本科毕业生同等学力，且符合招生单位根据本单位的

培养目标对考生提出的具体业务要求的人员；

④国家承认学历的本科结业生和成人高校应届本科毕业生（不含自考生和网络教育学生），按本科毕业同等学力身份报考；

⑤已获硕士学位或博士学位的人员，可以再次报考硕士生，但只能报考委托培养或自筹经费的硕士；在校研究生报考需征得所在学校同意。

（3）年龄条件

年龄一般不超过40周岁，报考委托培养和自筹经费的考生年龄不限。

（4）身体条件

身体健康状况符合招生单位规定的体检要求。

（5）人事条件

普通高校应届本科毕业生须持有所在学校的推荐信和学生证；在职人员须持有所在单位人事部门的介绍信和工作证；其他人员须持有本人档案所在单位开具的介绍信。如果该单位无人事调配权，则须持上级主管单位人事部门的介绍信。

（6）学历证明

在职人员为大学本科毕业生的，需持毕业证书和学位证书；同等学力者，须持所在单位出具的达到本科毕业程度的证明材料。应届毕业生因尚未拿到学历、学位证书，持学校介绍信即可。

四、报名、考试具体事宜

（一）报名时间

考生正式报名日期一般为每年9月至10月。现在一律采用网上报名方式，考生自行登录"中国研究生招生信息网"浏览报考须知，按教育部、报考点以及报考招生单位的网上公告要求报名。

（二）考试科目

考研科目分为公共课和专业课，公共课是必考科目，专业课是根据各个学校的专业来定的。公共课包括英语与政治；专业课根据专业要求设置专业考试科目。

（三）考试与录取

入学考试分初试和复试，初试后还要经过复试，才能正式被录取。复试由各招生单位负责，一般安排在 4 月下旬到 5 月上旬左右，各招生单位自行举行。复试合格、体检合格的，在 6、7 月份会收到录取通知书，9 月份正式跨入研究生的行列。

（四）录取中的调剂

由于专业冷热、报考人数多少的原因，每年都会出现某些学校或专业分数线极高，许多成绩过线，甚至高分的考生不能被录取，而某些学校或专业则招不满人的情况。这种情况下，一些成绩过线但总分不够高、不能被所报专业录取的考生，在条件具备、对方愿意的前提下，可以通过调剂的方式转入本校或其他学校的相关专业。初试成绩符合复试调剂基本分数要求，可以申请调剂。调剂复试的具体要求均以初试结束后教育部发出的录取工作通知的规定为准。届时，考生可通过"中国研究生招生信息网"调剂服务系统填写报考调剂志愿。

五、指导大学生正确选择就业与考研

关于考研和就业的决策，归根结底是一个与职业规划紧密相关的议题。作为从事教育的专业人士，应该为学生提供合适的方向指引，把考研作为推动力，同时将就业视为一种压力，确保每位学生都能谨慎地选取最适合个人的职业路径，并为自己的职业道路做出恰当的规划。在引导学生进行职业规划时，有三个关键因素需要特别注意。

（一）指导学生客观分析自己的条件处境

对于刚毕业的大学生来说，是选择就业还是继续攻读研究生以进一步提升自己呢？第一，需要按照自己的个性和所处环境来判断。有人察觉到，自己经历了四年的学习之后，对所学专业或者其他专业产生了非常高的兴致，所以攻读研究生对他们来说是一个很好的契机。然而，对于那些在专业技术领域不太适应或现实生存压力比较大的学生，随大流去考研并非是明智的选择；反之，步入社会并在真实的工作岗位上展现自己的能力，可能会更为理想。第二，考研也被视为一种风险投资。按照过往学生的反馈，考研通常要一年的准备时间，对于条件差的学生来说，考研的费用也是一个不可忽视的因素。如果成功被录取，一般来说就需要再上三年学。目前研究生教育主要是自费，三年的学费加上日常生活和学习的费用也是一笔很大的开支，而且毕业后的就业前景也很难确定。所以，每个人要根据自己的人生目标、家庭背景、职业成长等多个因素进行综合评价，从而制定出一条更加符合自己需求的道路。

（二）指导学生客观清楚地判断就业与考研形势

当前的就业形势并不乐观，考研后的人生道路也充满了不确定性。面临这种情况，大学生首先需要明白，考研并非是一个逃避就业的"绿色通道"。也并不是通往成功的唯一路径。在选择是否考研时，要按照自己的实际情形作出明智的决策。不管是本科生还是硕士生，最迫切的愿望都是在步入社会的那天，能够找到一份称心的工作。大学生在毕业时，若已经找到了符合自己意愿的工作，就不必非选择考研这条道路。换句话说，大学生不要盲目地选择考研，如果想考研，应对三年后的就业前景进行深入分析。再者，大学生需要深刻理解，坚实的专业知识和全方位的综合能力是求职中最关键的因素。如果希望在求职中保持领先地位，或者在考研中取得成功，那么应该提前做好规划，确保目标清晰、思维敏捷并持续学习。唯有如此，才能在竞争激烈的考研和就业中获得成功。

（三）指导学生果断地作出决定并马上开始行动

在对自身情况以及就业和考研状况进行客观和深入分析后，大学毕业生应当毫不犹豫地作出选择，不要随大流，不然可能左支右绌。准备考研大约要花费一年的时间，这段时间也是求职的最佳时机。若采取双线策略，同时准备求职和考研，这实际上是一个难以平衡的任务。那些同时准备考研和求职的同学，戏称自己为"两栖"人，还有那些准备参与公务员考试的同学，被众人叫作"三栖"能人。然而，准备考研可能会导致很多学生失去最佳的就业时机，找工作或公务员考试也会对考研的心情产生影响。人的心力终究是有限的，求职和考研同时进行可能会使两者的准备都不充分，两者都失败。很多人在毕业之际，才对之前的"两栖"决策感到遗憾。所以无论是考研还是求职,尽管不能量化地去评估两者的优劣,但在作决定时,一定要坚定地作出选择。一旦作出了决定,设立了目标,就必须持之以恒,努力拼搏。

六、给广大文科本科生的建议

(一)专业为纯文科学生考研就业面临的困境

这里的"纯文科"指中文、历史、哲学等相关专业。考研有助于以后更深层次的专业研究,但同时这些专业所学的知识也有很大局限性,可能与社会上需求较多的人才类型不相符,因此许多研究生毕业会由于这些原因而处于尴尬境地,迟迟不能签约。

(二)文科生拥有好的文笔是就业的一大优势

从大量招聘单位对文科生的素质要求来看,好的文笔无疑是自己的最大优势。很多单位都在强调,既要具备撰写公文的能力,又要能撰写如总结、报告这样的大型文章。因此,在本科阶段就应该锻炼自己的写作能力。

(三)文科生跨专业辅修能增强自己的核心竞争力

从人才市场的数据来看,更多的用人单位开始偏爱那些既擅长文科又擅长理科的综合性人才。文科学生如果辅修或选修过计算机、设计、第二外语等课程,可以更加吸引用人单位的"眼球"。

(四)文科生跨专业考理科研究生,毕业更容易就业

文、理科知识都具备的复合型人才是现在最受欢迎的紧俏人才,文科生如能跨专业考理科的研究生,就可以进一步提高自己的能力和素质,就业也就不成问题了。

(五)就业选择不要局限于自己的专业

文科学生历来有"万金油"之称,就业范围还是比较宽泛的,只要不将思想局限于所学的专业,多收集信息,拓宽视野,就会有更大的就业空间。

第三节　出国留学指导

一、出国留学的现状

近年来，鉴于全球化的发展趋势，许多学校都在积极探索与国际接轨模式，而且还在各专业和层次中寻找不同的交流方式，如联合研究、参加竞赛等。每年，高校出国交流的学生人数也在不断上升。出国的学生挑选的目的地，还会受国际状况、家庭经济状况等多种因素的影响，展现出了多元的发展方向。

二、目的地和专业选择多样化

受就业压力与职业发展规划等多种因素的影响，当前，中国留学生市场竞争日趋激烈，不仅欧美等科技发达国家成为留学生主要目的地，"一带一路"沿线国家也成为留学生选择的新趋势，受到大学生的广泛关注。同时，在专业上，除了传统热门专业，新兴学科如人工智能、大数据、新能源等也受到青少年的青睐。出国留学不仅可以为学生提供更广阔的发展空间，提供更好的教育，也可以使学生拓宽视野，为以后得职业选择提供更科学的引导。

三、出国留学的建议

（一）加强对学生出国学习规划的指导

在制订就业计划时，要明确提醒学生，出国留学不仅是为了获取世界著名大学的学历，来作为求职的垫脚石，更关键的是在学习时，提高自己的综合素质和能力。

对高校而言，为了更好地应付未来的国际教育交流工作，满足学生出国留学的各种需求，学校应该从一、二年级起就开始在语言和专业知识上做足准备。与此同时，学校还应当鼓励其合作伙伴利用网络方式与学生进行深度的学术对话。此外，还需告诫学生，在决定是去国外留学还是在毕业后直接步入工作岗位时，要提前做好全面的规划，选择一个既符合自身的实际需求又相对安全的方法。

（二）拓展与海外高水平院校的深度合作

如何巧妙地借助线上教学来吸引学生的目光，以及怎样利用实际操作活动来和学生进行良好的沟通，都是学校需要深入研究的问题。在线教学模式推动了教师课程的引入，在一定程度上完善了学习内容，还帮助学生减少了赴外学习的部分开销，并提高了他们的学习效率。在很多高校中，引进教师和课程一直是一项需要被高度关注的任务。很多高校始终都在致力于为那些由于经济状况受限而不能出国留学的学生，在国内给其提供具有国际视野的课程和教师资源，这也促进了众多海外高校逐步推出高质量的在线课程，为高校和学生开辟了与国外进行交流的新途径。

（三）接受通过线上教学常态化的国际交流工作

现阶段，无论是对于学校还是学生群体来说，这都是一个充满各种机遇与挑战的时期。因此，为了避免外部不稳定因素导致难以获取到高质量资源，高校需主动寻找在线进行国际交流的有效途径。考虑到线上会议和研讨等活动已经日益成为常态，高校也应当思考在硬件设施上增添更多的远程教室和会议室，以扩大线上交流工具的应用范围，从而为未来的国际交流活动提供一个更好的平台。

四、出国留学的类别及条件

通常情况下，出国留学可以被划分为公派出国和自费留学。公派出国有如下几种情形：一是由国家相关部门负责支付资金；二是从世界银行获得贷款；三是学校之间的互动交流。还有一种方式是自己筹集资金，或者获得国外的奖学金。这些资金可以由个人提交申请，并在得到相关部门的准许后，纳入国家的计划。出国的程序与公费人员相同，这正是常说的"自费公派"。自费留学由个人或亲朋好友提供资金支持，或者获得国外的奖学金，出国的所有手续都是由个人来完成的。

(一)公派出国留学的有关规定

1. 公派出国留学人员的条件

（1）政治条件

对祖国和社会主义怀有深厚的情感，拥有良好的思想道德品质，在日常工作和学习中都有出色的表现，并始终致力于为社会主义现代化进程提供服务。

（2）业务条件

想要出国留学的大学生，必须是高中毕业并且在学业上有优异表现的人。想要出国读研的人，不仅要大学毕业，而且要表现出色，此外还需要依照不同专业的特点来确定出国前的具体参与工作的时间。想要出国深造或作为访问学者的人，应当是教育、研究和生产领域的关键参与者。他们应当拥有大学本科或更高的学历，而且要在高等教育机构、科研单位或工矿企业等机构工作五年以上，或者在获得硕士学位后，在本专业工作超过两年，或者在职业技术教育领域工作超过两年。选择出国深造或作为访问学者的人的年纪应依照他们出国留学的具体情况来设定，一般来说，年龄不应超过五十岁。

（3）外语条件

所有想要出国留学的人都必须精通有关国家的语言，能够流畅地用外语翻看相关领域的书，并具备基本的听、说、写技能，在经历了简短的培训后，可以借助外语来进行相关领域的学术沟通。前往国外留学的大学生和研究生，他们的外语能力必须要达到听课的要求。

（4）身体条件

全部出国留学的人的健康状况必须要达到出国留学的标准，而且必须要去省级和市级医院做检查，最后得到健康合格证明。

2. 公派出国留学人员的选派

（1）公派出国留学人员是指那些依照国家建设的需要，从国家和相关部门、地方、单位获得全额或部分资金，借助多种方法，有计划地派出的留学人员。依照国家的计划，首先向全国范围内招收学生，然后进行统一的选拔和派出，保证他们严格遵守经费使用规定。这些人被视为国家公派出国留学人员，称为

"国家公派";依照各部门、地方和单位的计划,对本地区、本单位的学生进行招生、选拔和派出,遵循部门、地方、单位的经费开支规定,出国留学人员(包括得到本单位支持,并通过获得各种奖学金、贷学金、资助等方式被列入派出计划的人)被看作是各部门、地方、单位的公派出国留学人员,称为"单位公派"。

(2)选择出国读本科、专科或研究生的学生,他们在国外的学习时间往往与他们所在国家的教育制度紧密相关,具体是由他们的派遣单位来作出决策。对于计划出国深造的人以及访问的学者,他们在国外的学习期限通常是三个月到一年,但在某些特殊情况下,可以延长到一年半。这些期限都是由派遣单位根据派遣计划来确定的。

(3)派遣单位有责任协理和指引公派出国的留学人员,协助他们挑选适合在国外进行学习、进修、实习或研究的单位。

3.公派出国留学人员的申报手续和经费等管理办法

(1)公派出国留学人员的申报手续

公派出国留学的申报手续如下:符合公派留学资质的人,在得到国外学校的录取通知书和外汇资助文件之后,必须本人向其工作单位提交申请。在单位正式准许后,该单位可依照有关规定,向其上级部门或相应的省、自治区和直辖市申报。一旦获得了上级部门的正式准许和同意,与出国有关的各项手续就将由该部委或者相应的省、自治区和直辖市的相关部门来负责执行和处理。

享有对方学校的奖学金或资助费的公派出国留学人员,如果在出国时还未收到资助费,就能向派出单位申请垫款,这样可以方便购买机票。对于得到家人和朋友帮助的人来说,他们的出国费用,能够凭护照、入境签证以及国务院相关部门和省、自治区、直辖市主管机构开出的公务派遣证明,自行携带人民币,然后遵照规定去中国银行兑换外币。

(2)公派出国留学人员的工资、工龄和有关经费的管理办法

①对于计划出国深造的人和访问学者来说,他们在出国留学期间内,其在国内的工资会全部由其原工作单位承担,并在国内计算其工龄。对于在国内公派出国读博的研究生来说,他们在得到博士学位的准许时间内,也需要在国内计算工

龄。对于被公派出国学习的在职员工,他们在学习期间的国内工资会依照国内对类似人员的有关规定来发放。

②国家公派出国的留学人员的出国设备费用、出国旅行费用、在国外学习期间的学习和生活费用,以及研究生和大学生中途回国休假的往返国际旅费等,都需要按照国家的统一规定来处理。

③单位公派出国的留学人员的出国装置费、出国旅费、在国外的学习和生活费用,以及研究生和大学生中途回国休假的往返旅费等,都应遵循国家的统一规定来进行办理。

④完成学业并回到国内的公派留学人员,通常要回到他们原来的工作单位。若他们的专业技能没有得到充分的发挥,那么他们所在的单位可以向相关部门反映这种情况。

4.因公出国留学人员护照的申领

因公出国的留学人员,应遵循国家的规定,使用因公普通护照。

(1)按照合同的规定,派遣出国的留学生、研究生或者开展合作探究、担任教师的相关人员;

(2)去国外学习、参加培训、参与检验的像相关人员。

我国外交部或者相关的省、市外事办公室是因公普通护照的发放机构。

(二)自费出国留学的有关规定

1.自费出国留学人员的条件和工龄、待遇

(1)自费出国留学人员指的是我国的公民能展示出真实的身份证明,并能得到其在外国或中国香港、澳门、台湾地区的亲戚的经济援助,去外国学校或科研机构学习或进修的个体。

(2)非应届毕业生、回国的华侨和其亲属、国外的华侨、港澳地区的同胞以及国内的外籍华人的亲属,如果符合有关的要求,也得到了外国学校的录取通知书和经济担保证明,就可以申请自费出国留学。

(3)高校应届毕业生已经被纳入国家的分配计划中,他们应当听从指挥,并为国家提供服务。

（4）国内在学研究生，一般不得中断学习自费出国留学。

（5）凡全日制高等教育机构公费的各级别毕业生，在读四年级以上（含四年级）学生、研究生及在这段学习期间退学的人员，全日制成人高校的毕业生，都必须按规定完成服务期年限后方可申请自费出国留学。

（6）各领域的技术骨干，例如优秀的文艺骨干、机关的业务骨干和有特殊技巧的专业技术骨干等等，他们在申请自费出国留学的时候，要尽量地划入公派范围中。如果得到了有关部门的准许，其在留学期间和国内的待遇将会按照公派出国留学的规定来处理。

（7）获得博士学位回国参加工作的，其在国外攻读博士学位的年限，国内计算工龄，工龄计算办法与公派留学人员相同。

（8）学业有成后决定回国发展的自费留学出国的人，如果他们成功获取了学士学位或者更好的学历，国家或用人单位就会负责其归国的旅行费用，而且用人单位也会依照实际的情形来补贴有关的生活费用。

（9）自费留学的本、专科毕业生和研究生，若想要国家给安排工作，就应在临近毕业前半年和我国的驻外使、领馆联系，做好有关的登记，国家教育委员会将在其毕业后安排工作；也可以在归国后，去国家教育委员会登记注册，依照以往的公派留学人员的分配方法和薪资待遇进行处理。

2. 自费出国留学人员护照的申领

对于自费留学的人员来说，他们是出于个人原因出国，应当办理私人普通护照，发放护照的机构是各省、自治区、直辖市的公安部门。对于在校的学生来说，其所在的学校需要签署相关意见。

以下是需要准备的材料：

（1）单位介绍信。

（2）户口簿或集体户口证明，写明本人出生地和出生年月日。

（3）"经济担保"的复印件，并附译文（"经济担保"须经公证后方有效）。

（4）本人近期正面免冠光纸照片五张，并在照片背面用铅笔写上名字。

（5）填写《自费出国留学人员登记表》和《本国公民出国申请表》。

（6）用人民币交纳护照费、签证费、手续费、邮费。

为确保公民出国申请能及时获得审批，我国政府规定公安机关接受申请后须按规定期限做出是否审批的决定。现在规定的期限为：出国申请批准时间通常不能超过 30 天，偏远、交通不便地区最长不能超过 60 天。

第四节　大学生应征入伍指导

一、大学生应征入伍的条件

（一）应征入伍的政治条件

主要考察应征大学生年龄、户口、政治面貌、宗教信仰、实际表现、家庭人员和有社会关系的人员的政治情况。应征入伍的大学生必须要拥护中国共产党、社会主义祖国和人民军队，遵守法律和纪律，品德要高尚，为反抗侵略、保卫祖国和人民的劳动而奋勇拼搏。

（二）应征入伍的身体条件

应征入伍大学生必须要有一个健康的身体，以下是几个必要条件。

（1）身高。男性 160cm 以上，女性 158cm 以上。

（2）体重。男性不超过标准体重的 +20%、-10%；女性不超过标准体重的 ±15%；标准体重=（身高 -110）kg。个别体格条件较为优秀的应征男青年，体重可放宽至不超过标准体重的 25%，不低于标准体重的 15%。

（3）视力。岗位视力标准，大学专科以上文化程度的大学生入伍，右眼裸眼视力放宽至 4.6，左眼裸眼视力放宽至 4.5。

（4）内科。乙型肝炎表面抗原呈阴性。

（5）应征入伍高校毕业生的年龄条件。高职（专科）毕业生当年为 18—23 岁，本科以上学历的可以放宽到当年 24 岁。

（三）应征入伍的预征时间

全国征兵活动每年冬天举行。在每年 5—6 月，兵役机关和相关部门会进入高等学校进行预征活动，一直持续到应届毕业生离校。这些毕业生在离开学校之前，需要在其学校完成兵役登记和预征对象的确认工作。在冬季征兵活动开始前，毕业生应当持《应届毕业生预征对象登记表》，去上大学前的户口所在地区的县（市、区）征兵办公室报名，而且要在年底处理好正式入伍的有关手续。

二、大学生应征入伍的优惠政策

为激励大学生应征入伍，国家优化了服义务兵役的有关政策。

以下是五项优惠政策：

（1）优先征集。应届毕业生在应征入伍时，可以优先报名、进行体检和政审、审批和确定兵种、分配使用。

（2）学费补偿。应届毕业生可以利用政府的学费补偿或国家助学贷款的代偿来获得资助，最大金额可以达到2.4万元。其家庭根据相关规定可享有军属待遇。

（3）选用培养。大学毕业的士兵有资格先被选拔为士官；达到标准的本科或更高学历的毕业生可以被选为军官；从专科毕业的士兵能参与军队统一组织的本科层次的招生考试，有机会考入相关的军校学习；高校的毕业生士兵可以参与优秀士兵保送入学的选拔考核，年龄限制放宽一岁，相同条件下会被优先考虑。

（4）考试升学。高校的毕业生士兵在退役后，若参与政法干警招录培养体制改革的试点考核，那么其在考试的笔试总分中就会加10分；若三年内参与硕士研究生考试，那么其初试的总分会加10分，获得二等功或者更高荣誉的高校毕业生士兵，可以推荐其不用考试就能读研；专科、高职的毕业生士兵也能不用考试就可以去成人本科学习，有的人还可以通过一些考试后去普通本科学习。

（5）就业服务。有意报考公务员或者去事业单位应聘的人，若其在军队中服役过，那么服役经历将会被看作基层工作的经验，在情况相同时，要先任用；依照有关规定，在发放退役费时，需要让安置退役人员的县级以上地方人民政府负责接管；在退役后的一年内，退役士兵能和高校应届毕业生一样去就业报到，并且户籍会随之迁移。

三、大学生应征入伍的基本程序

（1）报名。每年5—6月，学生向所在学校武装部门或学生管理部门报名。

（2）体检及政审。在每年的5月至6月期间，根据当地征兵办公室的统一计划，参与身体的初步检查和政治的初步审核。

（3）填写《应届毕业生预征对象登记表》。每年6月15日前，被确定为预征对象后，填写《应届毕业生预征对象登记表》(简称《登记表》)和《应征入伍高校毕业生补偿学费代偿国家助学贷款申请表》(简称《申请表》)。

（4）高校确认。在每年的6月30日之前，学校应该确认《登记表》和《申请表》，而且要在表上盖章，随后相关表格需让预征对象亲自保管。

（5）呈递登记表。每年10月31日前，预征对象到入学前户籍所在地报名应征，并将《登记表》和《申请表》交县（市、区）人民政府征兵办公室。

（6）批准入伍。12月31日前，经户籍所在的县（市、区）人民政府征兵办公室的正式批准后，预征对象会收到《应征入伍通知书》。

四、大学生应征入伍的重要意义

从2009年起，国防建设进入了新的历史阶段，为优化军队的兵员素质、知识结构，党中央、国务院和中央军委高瞻远瞩，作出了鼓励应届高校毕业生应征入伍的战略部署，揭开了我军现代化建设崭新的篇章。

征兵工作被认为是国防和军队现代化建设的初始阶段，它既对国家安全和稳定有影响，也是党中央、国务院和广大人民赋予各级政府的基本使命。由于政局的变化，尤其是军队现代化进程的快速发展，每年的征兵任务都在面临着新的挑战。在面对不断变化的国际局势以及传统与非传统的安全风险时，我们有必要提高安全的觉悟，并努力加强军队的整体建设。所以，在新的时代背景下，我们必须深刻理解征兵任务的关键作用，以国家安全、国防建设为基础，尽职尽责地开展征兵工作，为保障祖国安全、持续发展贡献力量。

随着时代的发展，我国军队的职责范围得到了进一步的延展，中国特色的军事改革正在持续地推进，武装设备的高科技储量和现代化水平也在逐步地提升，急需国家创建一支高精尖的队伍。征集大学生参军是一个关键的策略，它依赖于国民教育资源来培训和吸引专业技术人才，有利于扩大士官的来源，并优化军队的结构，还有利于推进具有中国特色的军事改革及完成军队现代化建设的跨越式发展。

五、大学生应征入伍现状

（一）应征入伍动机多元

大学生入伍动机主要体现在四方面：其一是追求政治上的进步，努力争取在军队中加入党组织并立下赫赫战功；其二是希望能够进入军事学校学习并晋升为干部，以便在军队中稳妥地发展自己的事业；其三是大部分人为了缓解家庭的经济负担，利用一系列征兵的优惠政策来获得优待金，以补偿他们高额的学费和生活开销；其四是希望有更多的职业选择，在读大学生希望返回学校后选择一个更好的专业，而即将毕业的学生则希望退伍后能找到好的工作，为自己的未来创造更好的机会。

（二）适应能力较强

应征入伍的大学生，在同龄群体中被视为"尖子"，他们大部分都经历了跨地区的学习、实习和工作，并有过集体生活、自主生活以及独立解决个人问题的经验。待加入军队后，他们在进行军事训练和整理内务时都表现得非常积极，不愿意落后，追求卓越，这为他们更好地适应军队环境奠定了基础。此外，他们还具有较高的文化修养，对新出现的东西能够作出快速反应，好奇心浓厚，而且也能够很好地理解新知识和掌握新设备。在进行训练时，能够积极地进行思考，从一个例子中洞察出其他情况，训练效果快，思维成熟，对每件事都有明确的界限；在工作时，总是充满活力，乐于为连队的建设贡献自己的智慧和力量。很多这样的学生在加入军队的短时间内，就可以担任班级的管理员、连队的小组长和连队领导信任的助理。

(三)时代烙印深刻

应征入伍大学生在改革开放的浪潮和思想前卫的社会中长大,这使得他们了解了许多新颖的事物,思想比较跳跃,有很强的创新意识,在面临问题时擅长思考。有几个显著的性格特征:第一,思维意识新颖。他们在面对事情时,会有很强烈的表现欲,愿意去露面,体现自己的个性,总是想走不寻常的路。第二,思想自由、民主观念强烈。他们通常会有自己的想法,敢于去说出自己的理解,推崇自由和平等的理念。第三,比较时尚。他们善于去追求具有时尚感的东西,大部分人都会网上冲浪,撰写帖子和微博,而且还善于运用网络词语。

(三)发展潜力较大

入伍大学生的学术知识相当扎实,其接受新事物的能力强、思想比较活跃、目光长远、有很强的可塑性。比如,在学习新装备时,普通的士兵可能会不太理解或者是操作跟不上教官的讲解,然而入伍的大学生一般就能明白,会操作。另外,很多入伍的大学生还拥有多个证书,比如计算机、音乐、美术等。他们对多个领域都有浓厚的兴趣,因此有巨大的发展前景。

参考文献

[1] 郭冬娥，安身健.大学生职业规划与就业指导[M].武汉：武汉理工大学出版社，2012.

[2] 程钰淇.大学生职业生涯规划与就业指导的策略研究[M].汕头：汕头大学出版社，2022.

[3] 王宇.大学生职业生涯规划与就业指导[M].北京：中国中医药出版社，2007.

[4] 牛淑珍.大学生职业发展与就业指导[M].上海：复旦大学出版社，2019.

[5] 陈姗姗，吴华宇.大学生职业生涯规划与就业指导[M].重庆：重庆大学出版社，2014.

[6] 张琳，李中斌，王杨.大学生职业生涯规划与就业指导[M].上海：上海交通大学出版社，2018.

[7] 梁景，李翔，管晓涛.把握人生 大学生职业生涯规划及就业指导[M].北京：中国书籍出版社，2022.

[8] 宁佳英.大学生职业生涯规划[M].广州：华南理工大学出版社，2009.

[9] 沙楠.大学生职业规划与就业指导[M].北京：北京理工大学出版社，2021.

[10] 程瑞峰，吴苏芳，古典.大学生职业规划与就业指导[M].成都：电子科技大学出版社，2017.

[11] 缪志刚.大学生职业生涯规划与就业指导模式改革[J].人才资源开发，2023，2（14）：22-24.

[12] 成慧祯.大学生职业规划与就业指导方法体系创新研究[J].科技资讯，2022，20（12）：205-208.

[13] 姜波.职业生涯规划在大学生就业指导工作中的应用探析[J].就业与保障，2023，5（04）：106-108.

[14] 祖艺华.关于大学生职业规划指导策略的研究[J].佳木斯职业学院学报，2021，37（09）：159-160.

[15] 李利萍，史展.大学生就业现状、问题及对策分析[J].产业与科技论坛，2021，20（14）：88-89.

[16] 王静.大学生公务员报考热背后的原因分析及对应措施[J].经济研究导刊，2017，10（23）：61-62.

[17] 李雪濛.大学生出国留学趋势分析与应对建议[J].才智，2020，3（31）：157-159.

[18] 李思静.大学生职业生涯规划教育的现状与对策思考[J].现代职业教育，2023，5（30）：161-164.

[19] 汤文君，常书豪.大学生心理健康教育与职业生涯规划教育的关联分析[J].知识文库，2023，39（14）132-135.

[20] 李晶.基于职业生涯规划的大学生个性化就业指导的思考[J].就业与保障，2023，21（07）：118-120.

[21] 林雪花.大学生报考公务员热现象的社会学分析[D].福州：福建师范大学，2014.

[22] 张志平.大学生应征入伍现状分析及相关对策研究[D].南昌：江西农业大学，2013.

[23] 高昂.大学生职业生涯规划能力培育问题研究[D].郑州：郑州大学，2020.

[24] 王晶.新时代大学生职业生涯规划教育研究[D].西安：西安科技大学，2020.

[25] 王凯丽.大学生心理资本、职业决策自我效能感与职业生涯规划的关系研究[D].聊城：聊城大学，2019.

[26] 申丽丽.大学生职业生涯规划存在的问题及策略研究[D].长春：吉林农业大学，2015.

[27] 翟盈.我国高校大学生职业生涯规划教育研究[D].大连：大连海事大学，2014.

[28] 郑未.大学生职业生涯规划教育存在的问题及对策研究[D].兰州：兰州交通大学，2013.

[29] 王锐.大学生职业生涯规划教育的现状及对策研究[D].成都：成都理工大学，2012.

[30] 史纪宁.大学生职业生涯规划的现状及优化[D].南京：南京师范大学，2012.